DOMENICA SORANNO

FELICITÀ OVER 60

Come Una Nonna Può Vivere La Terza Età In Maniera Felice e Consapevole Attraverso Un Percorso Di Crescita Personale

Titolo

"FELICITÀ OVER 60"

Autore

Domenica Soranno

Editore

Bruno Editore

Sito internet

http://www.brunoeditore.it

Sommario

Ai miei "fringuellini" curiosi

Alla mia eroica Elisabetta

Alle nonne e alle persone adulte

che non riescono a dire

"sono felice"

Introduzione

Si può essere felici durante la terza età? Non parlo della felicità effimera, legata a momenti particolari ma di una serenità dello spirito che ti fa presagire il sole dopo la pioggia e la quiete dopo la tempesta. Questo stato non lo si raggiunge da un momento all'altro ma deriva da un grande e costante lavoro interiore. Io sono la dimostrazione vivente che questo è possibile.

La felicità è una pianta che va coltivata con amore lungo tutto l'arco della vita; contrariamente non puoi trovarla all'improvviso quando ti ritrovi a fare il bilancio dei tuoi anni trascorsi. La felicità è come l'amore. Ha bisogno di un continuo allenamento, è un'arte in cui non si finisce mai di perfezionarsi. Tuttavia a qualunque età puoi apprendere quelle due o tre regole che possono spianarti il sentiero verso la felicità.

Chi non ha avuto problemi o inconvenienti anche gravi nel corso della vita? Se ti stai trascinando dietro le tue esperienze negative e pensi che siano un fardello troppo pesante da sopportare, con la mia personale esperienza ti aiuterò a capire come e dove trovare le risorse per rendere la tua vita da "nonna" degna di essere vissuta alla grande. Vale anche se sei un "nonno". Finché rimarrò in questo mondo mi batterò perché tutti i nonni possano avere più **stima e consapevolezza** di se stessi e possano essere "felici".

Mi è sempre piaciuto scrivere più che parlare, essendo timida per natura, anche se con la "maturità" credo di aver superato quella che ho ritenuto essere una mancanza di fiducia in me stessa. Aver fatto l'insegnante per quasi quaranta anni mi ha sicuramente aiutato, ma lì è diverso, perché sei nell'ambito delle tue competenze e quindi l'esperto sei tu.

Quando ho cominciato a palesare l'idea di scrivere un libro, la prima domanda che mi hanno posto è stata: perché? Effettivamente all'inizio sono stata colta alla sprovvista, ma dopo un attimo di esitazione sono riuscita a trovare più di un perché.

- Il racconto della mia vita, seppure potrebbe sembrare di poco interesse in se stesso, è una riprova che quello che non ti uccide, ti fa diventare più forte.

- Ho degli amici pronti a confermare che i miei racconti li hanno aiutati a vivere la loro vita con più ottimismo e più fiducia in se stessi. Vorrei aiutare molte più persone a cambiare atteggiamento. Vorrei aiutare altre donne un po' avanti con gli anni a cercare i motivi per essere felici anziché continuare a lamentarsi degli acciacchi e a rimpiangere gli anni della gioventù, quando erano più belle e più forti.

- Nonostante le tante batoste che ho subito nella vita adulta, sento di definirmi un costruttore di pace che intende fare della propria vita un dono.

- Desidero essere punto di riferimento per i miei nipoti che, vivendo lontani, rischiano di perdere il contatto con le loro radici.

- Voglio dare un supporto alla mia memoria che comincia a vacillare, raccogliendo i miei pensieri volanti.

- Voglio fare una cosa per me stessa, per mantenere fede

all'impegno preso, al mio obiettivo, che non voglio sia solo un bel sogno; per dimostrare le mie capacità, e sperare che il mio insegnamento vada oltre la durata della mia vita.

Ho avuto una vita che qualcuno definisce sfortunata. Ma io ritengo che ciò sia molto riduttivo, perché questa supposta sfortuna riguarda solo alcuni periodi e alcune vicende, non si tratta della vita. Al contrario penso di aver avuto un mucchio di soddisfazioni o vittorie, come io amo chiamarle, spesso proprio a seguito di quelle sfortune. Lo scatto in avanti l'ho avuto quando mi sono sentita definire, da una mia amica "povera sventurata". Qualcosa dentro di me si è ribellato, perché oggi, dopo un lungo processo di consapevolezza, esercitato anche quando non ne avevo contezza, io mi definisco una donna felice.

Allora ho pensato che valeva la pena di dare valore alla mia vita facendo conoscere a tanti, e soprattutto a quelli che non hanno mai creduto nella mia evoluzione, le tappe della mia trasformazione. Credo fermamente che potrebbe essere utile ad altre donne e soprattutto a quelle che, arrivate a una certa età, usano spesso una parola, per me deleteria: ormai. Che significato ha? Ormai non hai più nulla da fare? Più nulla da imparare? Più nulla da donare? Più nessuno da amare? Io no, non voglio arrendermi, fino all'ultimo respiro.

Oggi, poi, ho almeno altri cinque buoni motivi in più per raccontarmi: i miei cinque nipotini, che sono venuti a dare un compendio alla mia felicità. È a loro che dedico questo libro. Un giorno uno di loro, in seguito al racconto di un fatto doloroso, che avevo concluso dicendo che ero, comunque, felice di poterlo raccontare, mi pose questa domanda: "Nonna, perché sei felice?". Questo libro vuole essere una risposta anche a questa domanda. Cominciando a raccontare si comincia a "crescere" insieme a loro. Hai dei valori da trasmettere e raccontandoli, ti rafforzano e accrescono la tua consapevolezza.

I bambini sanno tutto di noi, anche se non lo abbiamo ancora raccontato. Sono curiosi e vogliono approfondire, capire meglio. I miei giochi, i miei scherzi non li convincono. La nonna è felice ma è da sola, il nonno non c'è più. Come farà? Ha lavorato tutta la vita ma i soldini sono sempre pochi. Eppure non ci fa mancare nulla, ci vizia. Come farà? Ci sono problemi con gli operai, con i muratori, con l'idraulico, il contadino, eppure riesce a sistemare sempre tutto. Come fa? Beh, c'è la bacchetta magica, che non è quella di Harry Potter.

La nonna si è semplicemente allenata a guardare avanti, a vedere i problemi già risolti, prima che lo siano veramente, a vedere sempre il risvolto positivo delle sue disavventure, anche quelle meno prevedibili. Sa che più giù di così non si può precipitare; che dopo la discesa c'è solo la risalita; che la felicità va cercata tutta la vita, bisogna solo saper riconoscere quando ce l'hai; ma soprattutto si è ispirata a persone che hanno superato problemi gravissimi e che ce l'hanno fatta lo stesso, anzi hanno fatto di quei problemi i loro punti di forza.

Oggi, si, sono una donna felice: cinque cuccioli da coccolare, da strapazzare di baci ma soprattutto da amare ed educare. Purtroppo essi vivono a una considerevole distanza da dove vivo io. E non è sempre facile incontrarsi. Anche da qui deriva l'idea di scrivere. Scrivere perché essi possano ritrovare le loro radici. E scrivere per una forma d'amore nei loro confronti. Attraverso il mio racconto vorrei che imparassero ad affrontare la vita con positività, proprio come ho fatto io.

Detta così sembra facile. In realtà non è neanche facile da definire. Avventura? Di più. Alti e bassi? Di più. Tragedie? Di più. Il bello è che considero la mia vita un'esperienza unica, è mia e solo mia, ed è speciale, quindi anche io sono unica e speciale. E sono anche molto tenace. Mi sono sempre fatta forza ed ho cercato di colmare, attraverso la lettura e lo studio, la mia voglia di capire le persone di successo, soprattutto quelle positive e più combattive.

È così che mi sono imbattuta in diversi mentori da ciascuno dei quali ho tratto tanti ottimi insegnamenti; anche se il mio mentore per eccellenza (non me ne vogliano gli altri, a cui sono comunque grata), è stato, e continua a essere, uno solo: Gesù. Vi spiego il perché. Mentre verso gli altri mentori vige un senso di imitazione privata, con Gesù c'è l'esempio etico di introdurre il privato in una dimensione più ampia di rapporto con chiunque abbia bisogno del mio supporto e del mio consiglio.

Sono sicura che anche tu che leggi ti senti unico e speciale a discapito delle sofferenze che hai subito e delle ferite che ti porti dentro. Perciò non ti abbattere. Io ti mostrerò, attraverso il racconto della mia vita, che anche tu puoi essere felice nonostante tutte le speranze deluse, i sensi di colpa e le preoccupazioni che sono state il filo conduttore della tua vita. E capirai che per essere felice è più utile occuparsi, piuttosto che preoccuparsi sia di te stesso che degli altri.

Capitolo 1:
Come trasformare le difficoltà in opportunità

C'era una volta…

È così che ho cominciato a raccontarmi ai miei nipoti. Come una favola. Quando comincio a raccontare, loro non sanno che parlo di me. Finché qualcuno di loro non mi chiede: "Nonna, ma quella bimba eri tu?". Oppure: "Ho capito! La principessa eri tu!!". Non si lasciano ingannare. Ed è così che la favola diventa didattica, soprattutto quando ti insegna che da ogni dolore può nascere una gioia.

Essere felici si può, anche quando si ha un trascorso non proprio allettante. Anche quando non tutto sembra procedere secondo i tuoi desideri. Anche quando gli ostacoli alla tua realizzazione sono all'ordine del giorno. Anche quando, da adolescente, provi un senso di privazione, perché non hai tutti i libri che desideri leggere. Non hai il vestito buono che ti fa figurare alla festa. Quando non hai la tivù e devi umiliarti a chiedere al vicino di casa di poter vedere lo sceneggiato di un romanzo che stai studiando a scuola.

Eppure ho avuto le mie vittorie. La mia prima vittoria? Sulla Morte. Negli anni '30, '40, e '50 tanti erano i bimbi che, pur venendo alla luce, non riuscivano a crescere e diventare adulti. Questa situazione si era già ripetuta più volte nella mia famiglia d'origine: dei primi sette figli, tutti nati vivi, solo il secondo era sopravvissuto. Immaginate il dolore dei miei genitori nel vedere uscire di casa sei piccole bare, soprattutto quella dell'ultima bimba, uccisa a 11 anni da una meningite che le aveva concesso solo tre dolorosissimi mesi di vita, a partire dal suo esordio.

Ma i miei genitori non si scoraggiano e, tre anni dopo, la loro tenacia viene premiata dall'arrivo di una bellissima bimba, tranquilla e intelligente, che, pur crescendo nell'ansia malcelata di tutta la famiglia, è destinata a dare tante soddisfazioni.

Ci sarà un'altra bimba, la nona, dopo ulteriori tre anni, a rallegrare tutti, ma l'ottava era quella che aveva messo fine all'operato di sorella morte. E l'ottava eccola qui, all'età di 69 anni, a raccontarsi a voi.

Ho davanti agli occhi la faccina di Michael che mi chiede: "Nonna, quando tu andavi a scuola ti piaceva studiare e fare i compiti?". Certo che sì, allora non c'era l'obbligo di andare a scuola. O era una scelta dei genitori, o era un forte desiderio dei ragazzi.

A causa dei fatti che ho narrato in precedenza io crescevo sotto una campana di vetro o, con un'altra immagine di quel tempo, "nella bambagia", cioè circondata da mille attenzioni. No, non ero viziata, perché le condizioni economiche della famiglia non lo permettevano, ma osservata speciale, quello sì. Ho frequentato la scuola materna per un anno soltanto. Mi era piaciuta così tanto che non vedevo l'ora di andare alla scuola vera, quella che mi avrebbe insegnato a leggere, scrivere e far di conto, come si diceva allora.

È stato un susseguirsi di successi, per l'orgoglio dei miei genitori e della famiglia tutta. La maestra, che mi avevano prospettato come arcigna e molto severa, mi regala delle caramelle perché me la cavo molto bene nella lettura. In seguito, mi offre anche degli abbonamenti ad alcune riviste e dei libri di cui divento una divoratrice.

Non vi sembri strano, però, se già nella mia prima fanciullezza ho cominciato a pormi le prime domande "esistenziali" serie. Fino all'età di dieci anni ho vissuto in un monolocale di venticinque metri quadri, non di proprietà. Mio padre lavorava a giornata, il che significa che se era cattivo tempo non si lavorava, quindi non si era pagati. Cosicché mio fratello già da ragazzino cominciò a fare alcuni lavoretti spesso anche abbastanza pesanti, come caricare o scaricare sacchi di grano.

Si riusciva in qualche modo a sbarcare il lunario ma talvolta si doveva fare qualche debito. Io me ne resi conto in un modo un po' brutale il giorno in cui mia madre comprò una brandina per mio fratello, che fino a quel momento si era accontentato di un giaciglio di fortuna. Dopo qualche ora si presentò a casa il calzolaio reclamando il corrispettivo di un paio di scarpe non ancora pagato. Se si era comprata la brandina, si poteva anche pagare le scarpe!

Ma quello che successe quando mio fratello, con qualche soldo che era riuscito a mettere da parte, comprò una radio con giradischi incorporato, una delle prime che circolavano in paese, sfiora davvero il ridicolo. Poiché era periodo pre-elettorale e in piazza si tenevano i cosiddetti comizi, non parve vero a uno degli oratori di citare quei poveri che si potevano permettere una radio "a grammofono".

Nel frattempo i miei genitori decidono di comprare un suolo edificabile per costruirci una casetta tutta nostra. Ma ci volevano un po' di soldi in più, che non avevamo. E quando parenti e amici si defilano, non resta che rivolgersi agli "strozzini". Quella che capitò a noi (era una vecchia) era della peggiore specie: veniva a esigere gli interessi mensilmente. Ogni volta vedevo piangere mia madre che si chiedeva se sarebbe mai stata in grado di estinguerlo quel debito. E, mentre mio padre e mio fratello si affannavano a preparare le fondamenta della casa, molti, passando, si chiedevano se quella sarebbe mai diventata una casa vera. Insomma fiducia zero.

Sì, perché in quel periodo non si vedevano ancora, dalle mie parti, escavatrici e pale meccaniche, quindi bisognava fare tutto a mano, con piccone, pala e carriola. Talvolta anche io e mia sorella davamo una mano. Ancor più siamo state d'aiuto quando fu necessario procurarsi l'acqua per impastare il calcestruzzo; in quel caso mia madre attingeva l'acqua da un pozzo profondo dodici metri e io e mia sorella la trasportavamo sul "cantiere".

Ci volle un bel po' di tempo prima che, mattone dopo mattone, anzi tufo dopo tufo, (era quello il materiale per costruzione tipico delle nostre zone), il piano seminterrato non fu pronto e reso abitabile. Quella che negli anni a venire sarebbe stata utilizzata come deposito e garage, divenne la nostra accogliente reggia. Avevamo finalmente una casa tutta nostra e anche più grande di quella che avevamo abitato fino ad allora.

Anzi, poiché la facciata fu ingentilita da un paio di aiuole, quei passanti che erano stati scettici all'inizio dei lavori ora guardavano quasi con invidia quella che era diventata, a loro dire, una "villetta".

C'era, o no, di che essere felici? I denigratori? Perdonati. Gli scettici? Ignorati. La felicità è anche questo.

Nonna, eri veramente povera?

"Nonna, ma eri davvero così povera?". È la stessa domanda che avevo fatto io a mia madre a suo tempo. Ovviamente il mio concetto di povertà faceva riferimento a chi chiedeva la carità all'angolo della strada. Non riuscivo ancora a percepire il senso di scarsità. In fondo il pane in tavola c'era sempre; anzi c'era anche tanta carne perché mio padre allevava qualche pollo e qualche coniglio; e c'era anche abbondanza di uova, che mia madre utilizzava per dei favolosi pan di Spagna che ritornano spesso, piacevolmente, nelle mie memorie d'infanzia.

Né mancava l'abbigliamento poiché mia madre sapeva cucire e di anno in anno magari lo stesso vestito ritornava come nuovo grazie ad alcuni saggi accorgimenti o a dei ricami speciali. In conclusione, e secondo la mia percezione di allora, non eravamo poi così poveri. Ma chissà perché quando arrivava la befana, la dolce vecchietta, l'unica a portare qualche regalo, lasciava sempre o un paio di calze, o una maglietta nuova, o, quando andava bene, perfino una cartella per la scuola, insieme a qualche frutto e a una manciata di caramelle; insomma, cose essenziali e necessarie.

L'unico giocattolo che ricordo è una gabbietta di plastica con dentro un uccellino che si muoveva e cinguettava grazie a una specie di pompetta che si azionava dall'esterno. Ah, dimenticavo un cavallo a dondolo di legno, davvero molto bello, che però era il premio di una lotteria vinta da mio fratello. Come non esserne felice?

Anche il vestito della mia prima comunione fu cucito da mia madre ma di quell'evento mi rimane, come ricordo, un'unica foto di gruppo dove a stento riesco a riconoscermi, tra una ottantina di altri bambini. Non c'erano soldi per pagare un fotografo, figurarsi se si poteva organizzare una festa. Ma chi se ne importava: io ero ugualmente felice.

Ero felice perché mietevo successi sia al catechismo che a scuola, dove, tra balletti e recite, imparavo, senza rendermene conto, a credere in me stessa, nelle mie capacità e nei miei talenti che tanto mi sarebbero stati di aiuto nel futuro. All'età di nove anni mi hanno persino affidato la presentazione di tutto lo spettacolo preparato dalla scuola per la festa di fine anno. Poco male se le scarpette che avevo ai piedi non erano nuove ma rinfrescate con una passata di "bianchetto" per renderle più presentabili.

Ero felice per tutto questo anche se ci sono stati degli episodi di cui, da grande, mi sono un po' vergognata. Ovviamente non me ne rendevo conto all'epoca ma spesso ho scavalcato altri bambini con la mia prontezza nel rispondere alle domande delle maestre e forse ho innescato qualche risentimento e un po' di gelosia. Come nel caso in cui un ragazzino era stato scelto per rappresentare Pinocchio in una recita scolastica ma faceva tantissima fatica a imparare la sua parte. Io, invece, dopo un paio di volte che avevo ascoltato lui, ero in grado di suggerirgli le parole. Alla fine le maestre scelsero me per quella recita.

In un'altra occasione ho soffiato una canzoncina a un'altra bimba perché la mia voce risultava più intonata. Ma l'episodio di cui sono ancora dispiaciuta sono gli scapaccioni che ho fatto prendere a un altro bimbo da parte del padre quando questi lo interrogava sulle tabelline; se lui non rispondeva, rispondevo io dalla casa di mia zia che affacciava sullo stesso pianerottolo. Ogni mia risposta era uno scapaccione per lui, anche perché frequentavamo la stessa classe e il papà di questo bambino non si capacitava che io sapessi rispondere e suo figlio no.

A proposito di mia zia, debbo dire che per me è stata come una seconda mamma. Lei non aveva figli ma la sua casa era sempre piena di bambini. I suoi nipoti, me compresa, erano felici di farsi coccolare da lei che aveva sempre un frutto o qualche dolcetto o talvolta persino delle monetine che riusciva a reperire nelle tasche del marito e che lei generosamente ripartiva tra di noi. Eppure le avrebbero fatto comodo per comprare per se stessa quel paio di calze che era costretta ad "elemosinare" dal suo avarissimo marito.

Ma il ricordo più bello che conservo di lei è quando preparava per me la vasca dell'acqua calda per farmi fare il bagno, considerato che a casa mia non avevamo ancora l'acqua corrente, e quindi lei ci veniva incontro in questo modo. Dopo il bagno mi avvolgeva in un grande asciugamano e mi faceva riscaldare nel suo lettone fino a quando non ero completamente asciutta. Poi mi cospargeva di borotalco per completare l'opera: quando ci penso mi pare di sentirne ancora il profumo sulla mia pelle.

Verso mia zia ho imparato il senso della parola riconoscenza, forse fino a quel momento non molto chiaro in me. Ero già adulta quando lei, a seguito di una emiparesi che l'aveva bloccata per circa un anno, ha avuto bisogno delle mie cure. Io lavoravo e facevo la pendolare e tuttavia, prima ancora di pensare al mio pranzo e nonostante la stanchezza, il mio primo pensiero era per lei, ed è tra le mie braccia che lei è spirata.

Ho ricevuto da mia zia le attenzioni che mi sarei aspettate da mia nonna, l'unica che ho conosciuto, ma questa è un'altra storia. Uno dei miei propositi è quello di evitare, nel rapporto con i miei nipoti, gli errori che mia nonna ha fatto con me. Soprattutto mi è mancato il suo sostegno nel momento del bisogno. Un esempio per tutti: una mia partecipazione a una gita scolastica, che i miei genitori non potevano concedermi. Mia nonna si scusò per aver finito i suoi soldi. Ma in seguito si scoprì che ne aveva parecchi, nascosti forse… sotto il materasso.

Tuttavia non mi sono mancate le escursioni, che mi sono

guadagnata da sola grazie ai buoni risultati conseguiti a scuola. Avevo di che essere felice. Tu ne sai qualcosa, vero Aaliyah?

Il sogno: studiare

Gli ostacoli seri cominciarono ad arrivare quando si concluse il ciclo della scuola primaria. Io volevo a ogni costo continuare a studiare e, come ho già riferito, non c'era ancora l'obbligo scolastico. Dopo tante insistenze i miei genitori sembrarono scendere a patti ma la soluzione che mi offrivano non era di mio gradimento.

A quei tempi dopo la scuola elementare si poteva optare o per la scuola media tradizionale, dove si insegnava il latino e una lingua straniera, oppure la scuola detta di Avviamento che, come dice la stessa parola, era una sorta di tirocinio per inserire i ragazzi nel mondo del lavoro. Indovinate quale scuola avrebbero scelto per me? Proprio quella. Anche i suggerimenti di alcuni vicini e amici vertevano nella stessa direzione. Tutti vedevano quello come l'unico sbocco per la figlia di un operaio con pochi mezzi.

Puntai i piedi. Eh sì, quando voglio veramente qualcosa so come ottenerla, e lo sapevo anche allora. Per fortuna mio fratello mi sostenne e così scelsi la scuola che ritenevo più giusta per me.

La difficoltà più grande fu l'acquisto dei libri. Se oggi i libri scolastici costituiscono una spesa non da poco per le famiglie, allora lo erano molto di più. Pensate che il totale si aggirava sulle 30.000 lire quando mio padre ne prendeva 18.000 in quel periodo, facendo il guardiano in una cava di tufo. I libri erano dunque il corrispettivo di quasi due mensilità. La soluzione? Ai debiti che avevamo fatto per la casa si aggiunsero anche questi.

Per fortuna i miei genitori non dovettero mai pentirsi di aver, loro malgrado, acconsentito alla mia scelta. I miei risultati scolastici erano ottimi. Amavo tutte le materie ma soprattutto quelle letterarie compresa la lingua straniera e il latino. Quest'ultima è quella che mi dava più soddisfazione anche perché avevo ricevuto un'ottima preparazione già alla scuola elementare per quanto riguardava l'analisi logica e l'analisi del periodo. Grazie, maestra, che purtroppo ci lasciasti durante l'ultimo anno per tornare al Creatore.

La scuola media fu ricca di soddisfazioni, di emozioni ma soprattutto di insegnamenti che mi porto dentro ancora oggi. Un esempio per tutti il mio professore di musica che mi avvicinò alla musica classica e operistica. Fu lui che notò la mia voce e che mi insegnò parecchie "arie". Non vi racconto la soddisfazione quando un nostro piccolo coro cantò l'aria del Nabucco in una trasmissione radiofonica condotta dal mitico Beniamino Gigli.

Non so se nacque da questo la mia passione per il canto ma anche il mio primo sogno infranto. Certo, anche ai miei genitori piaceva tanto cantare e ricordo ancora un paio di canzoni che erano il loro cavallo di battaglia e il loro modo per rilassarsi. Si, quando mio padre era arrabbiato … cantava. Che coach formidabile ho avuto!

Ma veniamo al mio sogno infranto. Come tante ragazzine, di ieri come di oggi, anch'io ho coltivato il sogno di fare la cantante. Avevo solo 13 anni quando mia madre acconsentì ad accompagnarmi alle selezioni per un concorso canoro organizzato da Teddy Reno e la meravigliosa Rita Pavone.

Ora, purtroppo, il già citato professore di musica, che mi aveva fatto innamorare della musica lirica, non mi aveva anche insegnato che i cantanti devono seguire uno spartito (io non ne avevo mai visto uno). Dovetti cercare uno spartito di fortuna e, non riuscendo a trovare quello relativo alla canzone che avevo preparato, ne cantai un'altra. Inoltre il verdetto della giuria fu: "Voce intonata ma scolastica. Devi farti seguire da un maestro".

Ecco la variabile incognita. Un maestro aveva un costo che non potevamo permetterci e quindi dovetti brutalmente risvegliarmi dal mio sogno. In seguito continuai a cantare, anche se solamente in piccoli spettacoli a livello locale e amatoriale e solo fino a quando una tragedia non cambiò completamente le mie prospettive. Ma di questo vi parlerò più avanti.

Voglio invece riportare alcuni eventi che non solo hanno caratterizzato gli anni della mia permanenza nella scuola media ma forse sono stati profetici per la mia vita futura.

Come ho già detto mi piaceva scrivere. Probabilmente ero anche dotata di una buona fantasia e così i miei compiti di italiano non piacevano solo ai miei professori ma anche a un gruppetto di bambini che abitavano nei pressi della casa di quella zia di cui ho parlato prima.

Tra i vari giochi che potevamo scegliere il preferito era diventato quello di giocare alla scuola. Indovinate chi era la maestra? E a questo punto capite anche che cosa leggevo ai miei "alunni": i temi che io scrivevo e che raccontavo loro come delle favole. Loro gradivano molto. Da grande ho fatto l'insegnante anche se nel tempo la mia passione si è spostata verso le lingue straniere.

Il secondo episodio è comunque legato alla mia passione per la scrittura: uno dei miei temi partecipò a un concorso indetto dal comune. Si trattava di un tema sul Santo Natale, ma per me diventò l'occasione per parlare del problema dell'emigrazione. Negli anni '60 tante famiglie erano divise a causa della mancanza di lavoro e tanti padri di famiglia avevano preso la via della Svizzera o della Germania facendo una vita di grandi sacrifici per mandare a casa i soldi che dovevano servire non solo per sfamare la famiglia, ma anche per costruire una casa da godere per il futuro, che ci si augurava migliore.

Nella mia famiglia toccò a mio fratello fare le valige per recarsi in Germania a lavorare in una cava di marmo. I racconti che ci riferiva circa la vita in quei posti e in quel clima erano allucinanti. Ne racconterò uno solo a scopo esemplificativo. Nelle notti d'inverno i tubi dell'acqua si gelavano, per cui bisognava ricordarsi di attingere, la sera, l'acqua per lavarsi la mattina successiva. Eppure anche così la mattina bisognava rompere un piccolo strato di ghiaccio che si era formato nella vaschetta, prima di lavarsi.

Immaginarsi come potevano essere quei Natali che vedevano un posto vuoto a tavola. Mio fratello mi mancava terribilmente e fu quello il Natale che raccontai nel mio tema del concorso. Vinsi un premio in soldi che mi tornarono comodi perché mi consentirono l'acquisto di un impermeabile e di un ombrello di cui avevo necessità. Già a quell'età cominciavo a imparare dalle esperienze passate e a farne tesoro. Secondo un detto Maori avevo cominciato a "guardare il sole, lasciandomi le ombre alle mie spalle".

Da grande ho partecipato ad altri concorsi, questa volta di poesia, e anche questi mi hanno dato delle piccole soddisfazioni. Vuoi vedere che anche questo mio libro mi darà la gioia e la felicità che credo di meritarmi?

Capitolo 2:

Come riconoscere le vere opportunità di crescita

Chiuso il capitolo scuola media, tutte le premesse preludevano a una continuazione degli studi. Nonostante fossi solo un'adolescente, sapevo benissimo ciò che volevo essere e mi ero preparata e continuavo a prepararmi ogni giorno per diventarlo. Sapevo di avere delle risorse interiori enormi e quindi sentivo che potevo farcela.

Ma quello che non sapevo era che avrei dovuto fare appello a tutte le mie forze per spuntarla, soprattutto perché bisognava andare fuori sede, e quindi viaggiare. Delle tre prospettive che mi vennero presentate, sempre da parenti e amici "benevoli", che avevano a cuore la situazione finanziaria della mia famiglia, non me ne piacque nemmeno una.

Avrei potuto fermarmi lì, senza sovraccaricare i miei con ulteriori spese, o almeno scegliere un istituto professionale femminile, che era appena sorto e che, per ottenere iscrizioni, offriva libri e viaggio gratis. La terza opzione, ma era già una concessione, era quella di scegliere un corso come quello dell'Istituto Magistrale, come si chiamava allora, per avere subito nelle mani un diploma più facilmente spendibile negli anni successivi. Insomma, questo poteva essere il massimo delle mie aspirazioni.

Nessuno, però, aveva fatto i conti con la mia caparbietà. Io mi sentivo orientata verso gli studi classici e questo significava, per la mentalità comune, che se non eri un "figlio d'arte" non potevi aspirare a nessun posto di lavoro dopo il diploma, a meno che non andavi all'università. Ma questo sembrava fuori discussione.

Fortunatamente io ero molto più avanti come mentalità e ringrazio il cielo che anche i miei genitori lo fossero, pur non essendone coscienti. Chissà quante critiche si saranno beccati per aver, alla fine, ceduto alle mie insistenze e alla mia promessa che mi sarei data da fare oltre che per guadagnarmi una borsa di studio anche per trovarmi un lavoretto durante l'estate, così da aiutarmi con le spese.

Comincia così a quattordici anni la mia vita di studente lavoratore. Il mio primo lavoro lo svolgo in un centro di raccolta per prodotti ortofrutticoli e consisteva nell'imballaggio di frutta e ortaggi destinati all'esportazione. Sono contenta, la paga è buona, anzi supera quella di mio padre, ma il guadagno serve per i libri e per l'abbonamento dell'autobus. Non c'è spazio per qualche civetteria. E poiché sono l'unica studentessa a lavorare in questo posto, questo me lo tengo per me.

L'anno successivo, stavo caricando delle cassette vuote quando uno dei dirigenti, meravigliandosi per un mio conteggio rapido, (che peraltro avevo appreso da mio padre) mi offre il ruolo di supervisore che però durerà molto poco in quanto a breve avrei ripreso ad andare a scuola. Al rammarico del direttore si aggiunse anche quello della mia mancata "carriera". Un vantaggio, però, lo conseguii comunque: mi liberai dalle invidie suscitate nelle mie compagne di lavoro.

Questo fu il periodo in cui un quesito socio-esistenziale cominciò a insinuarsi nella mia mente di adolescente e che era riconducibile a un episodio riportato da mia madre, la quale ne fu turbata almeno quanto me. Nel consiglio provinciale si stava discutendo circa le assegnazioni delle borse di studio.

Alla fine del consiglio mia madre avvicina uno dei consiglieri (una persona di sua fiducia) per chiedere l'esito a mio riguardo. Questi, apparentemente, non seppe risponderle. Dopo un po', però, mia madre si sente chiamare da lontano da un altro consigliere che si congratula con lei per la felice conclusione delle discussioni: avevo la mia borsa di studio. Ebbene, quei due consiglieri erano di diverso indirizzo politico e la cosa ci mandò un po' in confusione.

Intanto gli anni di frequenza al liceo proseguirono abbastanza agevolmente anche se non con risultati eclatanti. Quella era una scuola d'élite e il mio ceto di provenienza non mi aiutava. Non vorrei fare inutili recriminazioni a posteriori, ma chissà perché le persone che io spesso aiutavo avevano sempre una valutazione migliore della mia.

Questo mi divenne palese quando, ormai all'ultimo anno, scarseggiando i professori disponibili per le ripetizioni, preparai in greco, per gli esami di ginnasio, una ragazza che riuscì a trasformare la mia "sufficienza" in un magnifico sette per lei.

Questo episodio, lungi dal deprimermi, mi diede tanta gioia perché rafforzò la mia autostima e la fiducia nelle mie capacità. In futuro ne avrei fatto tesoro. Insomma ne fui felice.

Il "destino" può essere cambiato?

Ultimo anno di liceo. L'anno delle grandi decisioni: la scelta della facoltà universitaria. Le domande principali sono tre: che cosa?, dove?, come?. Gli eventi futuri, alla fine, decisero per me. Cosa fare dopo il liceo? Non vi era altro che l'università, anche perché non riuscivo a immaginare per me una vita da impiegata, dietro una scrivania. Inoltre ero avida di sapere e di imparare cose nuove. Il fatto è che tutti si aspettavano che optassi per gli studi di lettere classiche o di medicina.

Ma qualcosa cambiò le carte in tavola. Un meraviglioso signore dalla cultura enciclopedica, sia pure appresa da autodidatta, istituì un piccolo corso di lingua inglese presso la sede della Comunità Braccianti del nostro piccolo comune. Ovviamente non vi erano grandi pretese considerando l'utenza, composta per lo più da bambini, anziani e braccianti. Né questo signore era un vero insegnante avendo imparato l'inglese durante la sua prigionia al tempo della seconda guerra mondiale.

Ma tanto bastò per attirare la mia curiosità e per farmi innamorare di questa lingua a me sconosciuta (avevo studiato solo la lingua francese). A ispirarmi fu il suo modo di insegnare, il suo metodo, perché aveva un metodo e un approccio tale che non potevi non imparare. Purtroppo la quantità fu molto limitata ma bastò a farmi capire quale sarebbe stato il mio indirizzo di studi all'università.

Per il dove non avevo alternative. Doveva essere Bari, la sede più vicina a casa, per permettere spostamenti meno esosi. Inoltre a Bari c'era una nostra parente che avrebbe potuto darmi una mano a cercare una sistemazione adeguata alle possibilità della mia famiglia.

Per il come feci di nuovo appello a tutte le mie arti di persuasione per convincermi e convincere soprattutto la mia famiglia a confidare che avrei fatto di tutto per meritarmi il presalario e in più avrei fatto qualche lavoretto: pensai che avrei potuto propormi per delle lezioni private.

Purtroppo gli eventi stavano per precipitarmi in un baratro senza fondo che avrebbe messo in discussione tutte le mie certezze e soprattutto i miei sogni. Subito dopo Natale a esattamente due giorni prima di capodanno, mio padre, che doveva riprendere il suo lavoro dopo la pausa festiva, avverte dei malori che lo portarono a un ricovero lampo in ospedale e a una morte inspiegabile quanto repentina: morì la stessa notte del ricovero senza la possibilità di salutare nessuno.

In quella circostanza emersero tutti i miei sensi di colpa. Io ricevetti la notizia del ricovero di mio padre, mentre stavo tornando a casa dopo tre giorni di assenza dovuti alla mia partecipazione a un convegno di preparazione spirituale in un Istituto Religioso di Bari. Ricordo la mia ansia apparentemente senza ragione prima e durante il viaggio di ritorno: non vedevo l'ora di giungere a casa quasi che avessi un presentimento di qualcosa che stava per cambiare il mio destino.

Ne ebbi la conferma ancor prima di giungere a casa, da un mio cugino che incontrai per caso e che, ignaro della mia assenza di tre giorni, mi chiese notizie di mio padre, pensando che fossi di ritorno dall'ospedale. Quella fu una delle notti più lunghe della mia vita. Non vedevo l'ora di conoscere l'esito dell'improvviso peggioramento delle condizioni di salute di mio padre, un uomo che non aveva mai preso un farmaco in vita sua e che pur mostrando una struttura esile aveva un carattere e una tempra spirituale che ai miei occhi lo rendevano un gigante.

Quando cominciai a intuire il peggio, dallo scarica barile di medici e infermieri, che esitavano a raccontarmi come stavano le cose, sopraggiunse anche mio fratello, il quale aveva già provveduto a quanto necessario e che confermò i miei peggiori sospetti. Mio padre, l'uomo che era stato il mio sostegno, che mi aveva consegnato i migliori valori, quali la dolcezza, la mitezza, il senso di gratitudine, di generosità, si era spento a soli 59 anni, alle soglie del pensionamento, che attendeva con gioiosa trepidazione, gettandomi nello sconforto più nero.

Dal mio punto di vista la situazione era ancora più grave. Con il pianto nel cuore, dovevo continuare a studiare perché quell'anno avevo gli esami di maturità. Inoltre vedevo vacillare anche la mia iscrizione all'università, dal momento che i soliti amici e parenti "benevoli" davano ormai per spacciata questa possibilità.

Così, tra la meraviglia di tutti, compresi i docenti, feci appello a tutte le mie risorse. Terminai l'anno scolastico buttandomi a capofitto nello studio, anche per non dare adito ai miei pensieri di riversarsi su sentimenti di delusione, fallimento o peggio, e riuscii a conseguire una maturità dignitosa anche se non brillante.

Contemporaneamente anche la mia frequenza all'università per l'anno successivo si stava trasformando in una splendida realtà, qualcosa che andava al di là delle mie più rosee previsioni. Parlerò di questo più avanti ma intanto stavo scoprendo due cose molto importanti per la mia vita futura. Che non bisogna mai darsi per vinti e abbandonare un progetto intrapreso. In più apprendevo che un grande dolore, come una grave crisi, possono trasformarsi in grandi opportunità.

Il dolore mi trasforma

L'estate che seguì alla mia maturità fu caratterizzata da una grande solitudine oltre che da una grande sofferenza. Il lutto per mio padre allontanò da me, anziché avvicinarli, la maggior parte degli amici. Non uscivo più e mi stavo facendo tanti problemi circa il mio corso universitario. In più vestivo di nero, poiché c'era l'usanza di portare questo segno esteriore di un dolore che ci sarebbe stato anche se mi fossi vestita con colori sgargianti. Questo contribuiva a farmi sentire "diversa".

Tuttavia non demordevo e non volevo assolutamente abbandonare il mio obiettivo anche perché vedevo in questo la possibilità di cambiare la situazione di precarietà in cui ero cresciuta. Come tanti, anch'io sognavo uno stipendio sicuro su cui fare affidamento. Ma prima c'era una strada irta di difficoltà da affrontare.

Qualcosa, però, stava per cambiare nella mia vita, facendomi capire, ancora una volta, che se si vuole fortemente qualcosa prima o poi riesci a ottenerla. Io l'ho chiamata Provvidenza, qualcun altro può chiamarlo Universo, Attrazione, l'importante è che l'una o l'altro hanno girato il loro sguardo benevolo verso di me.

Dopo la mia permanenza in quell'Istituto religioso di cui vi ho parlato, rimasi in contatto con alcune suore che così vennero a conoscenza della situazione della mia famiglia e di tutti i miei dubbi. Io non lo sapevo ancora ma quello che mi aveva ospitato per alcuni giorni era uno dei più prestigiosi pensionati universitari della città e senza che io chiedessi nulla, mi venne offerta la possibilità di essere ospite dell'Istituto pagando una retta di gran lunga inferiore a quella praticata per l'élite di ben tre regioni meridionali.

La mia gratitudine fu immensa e ancora oggi nutro questo sentimento per coloro che mi hanno permesso di affrontare la mia vita universitaria con tanta serenità in più. Ovviamente ora dovevo rendere conto del mio percorso, oltre che alla mia famiglia, anche alle suore. Non potevo permettermi di fallire, anche perché ne andava di mezzo la possibilità di prendere delle borse di studio.

La cosa più bella è che ebbi anche l'opportunità di fare esperienza di insegnamento, sia nello stesso Istituto, che ospitava un liceo classico, dove feci qualche supplenza di latino, sia all'esterno con delle lezioni private procuratemi dalle stesse suore. Non delusi nessuno. Nonostante questi impegni e nonostante la complessità del corso di laurea intrapreso, che mi portava a competere con colleghi che avevano una preparazione di base di gran lunga superiore alla mia (io partivo quasi da zero), riuscii a completare gli studi con il massimo dei voti.

Questo non lo racconto per vanagloria ma perché spiega quel proverbio che dice: "quando si chiude una porta, si apre un portone". A dispetto di quelle persone che mi davano per perdente, con la morte di mio padre, ero riuscita a portare a termine brillantemente il mio sogno.

Durante il corso di studi sono riuscita anche a fare una esperienza all'estero. Anche per questo ci sono voluti i cosiddetti salti mortali. Se potevo a stento pagarmi il viaggio, non avrei potuto procurarmi il vitto e l'alloggio. Quando si dice che la necessità aguzza l'ingegno, beh il mio ha funzionato egregiamente. Insieme a un'amica, riuscimmo a trovare, in Inghilterra, una istituzione che si occupava di disabili e che offriva vitto e alloggio anche a studenti stranieri in cambio di assistenza a questi disabili.

Strike! Questa esperienza mi servì non solamente per praticare la lingua straniera, ma riuscii anche a imparare tante lezioni di vita. Trovarmi faccia a faccia con l'handicap anche grave di giovani poco più grandi di me, mi fece pensare a quanto fossi fortunata a essere sana di fisico e di mente. Osservando poi la serenità con cui quelle persone affrontavano la vita, ho tratto un insegnamento che ha influenzato e continua a influenzare la mia vita. Le loro piccole storie d'amore, anche nella difficoltà di poterle esprimere agevolmente, mi affascinavano e mi facevano capire che, certo, si può essere felici anche nelle avversità.

Ci sarebbero tante altre cose da raccontare ma rischierei di dilungarmi troppo. Una cosa però voglio accennarla: al compimento dei miei ventuno anni anch'io mi sono innamorata di colui che sarebbe diventato mio marito e padre di mia figlia. Fino a quel momento avevo evitato ogni tipo di coinvolgimento sentimentale perché pensavo che potesse rallentare i miei studi. E mentivo a me stessa perché mi auto-convincevo che ero troppo piccola.

Tutto ciò però non mi rendeva immune dai primi batticuori e dalle prime cotte adolescenziali. Questa volta sentivo che era diverso anche se l'attesa si sarebbe rivelata piuttosto lunga e la storia che ne seguì fu fonte di felicità immensa e dolore infinito e struggente.

La cosa importante è che la vita mi stava dando delle lezioni importantissime, che mi avrebbero aiutato a superare tutto quello che stava per accadere. Mi sentivo perfettamente d'accordo con James Joyce quando affermava "la vita è come un'eco: se non ti piace quello che ti rimanda, devi cambiare il messaggio che invii". Anche questo è un sentiero per la felicità. Se hai letto fin qui mi auguro che anche tu riesca a imboccare questo sentiero.

Capitolo 3:
Come godere delle piccole gioie quotidiane

Terminato così brillantemente il mio corso di laurea non sembrò altrettanto semplice trovare lavoro. Si erano da poco chiuse anche le graduatorie per le supplenze nelle scuole e quindi già mi stavo preparando ad affrontare un anno senza la possibilità di lavorare. Inoltre mi dava fastidio che avessero ragione quelle persone che erano convinte che se non avevi una raccomandazione, un lavoro non lo avresti mai trovato. Questa credenza mi faceva ribollire il sangue perché io ho sempre pensato che la volontà di lavorare e il talento la spuntano sempre.

Per una decina di giorni la mia partecipazione di laurea circolò liberamente tra parenti, amici e conoscenti. Poi capitò nelle mani della persona giusta, quella persona che si rivelò essere, inconsapevolmente, quel santo in paradiso che tanti auspicavano ma che io non avevo cercato. Questi, essendo venuto a conoscenza che in un comune vicino al mio c'era la richiesta di un docente di inglese per un corso serale, mi chiese se poteva fare il mio nome, specificando che aveva fiducia in me e che non gli avrei fatto fare una figura meschina. Come potevo dire di no?

Mi fu fatto presente, tuttavia, che lo stipendio sarebbe stato esiguo, trattandosi di poche ore, ma ne fui felice ugualmente perché mi sarei guadagnato il punteggio per la graduatoria dell'anno successivo. Dopo qualche tempo a quelle poche ore di insegnamento se ne aggiunsero delle altre, in un comune diverso, fino al massimo consentito, per cui lo stipendio cominciò a crescere.

Questa fu una grande fortuna perché andava a compensare la difficoltà di superare la distanza che separava il lavoro dal posto in cui vivevo e che prevedeva due autobus per l'andata e due per il ritorno e quasi dodici ore fuori casa.

Ne uscii comunque temprata e pronta ad affrontare gli anni successivi che non sarebbero stati più facili da un punto di vista logistico. Quello che mi dispiaceva di più era che mia madre viveva insieme a me questi disagi. Non so cosa avrei dato per non farla uscire alle undici di sera per venirmi incontro alla fermata dell'autobus.

Abitavamo in periferia e la zona era, all'epoca, abbastanza solitaria. Perciò lei sbirciava quando stava per arrivare l'autobus e si avviava alla fermata perché non facessi quelle poche centinaia di metri da sola.

Quanta tenerezza in quel gesto, a cui seguiva la mia cena che lei aveva preparato con tanto amore e che spesso condivideva con me rinviando la sua fino a quell'ora tarda. E che felicità per me avere una mamma così premurosa. Nonostante la stanchezza riuscivo a vedere quanto le brillassero gli occhi per l'orgoglio del traguardo che avevo raggiunto ma anche per la speranza che quella situazione di precarietà non sarebbe durata a lungo.

Gli anni successivi, tuttavia, non furono più facili, né da un punto di vista logistico, né per le difficoltà da affrontare. C'era anche questa volta la "scelta" tra prendere due autobus con le dovute, lunghissime attese tra l'uno e l'altro, oppure avventurarsi con la sgangherata mitica 500 (non potevo permettermi di meglio per il momento) su una strada molto trafficata da autotreni e altro genere di veicoli commerciali ma anche molto pericolosa, tanto da essersi guadagnato l'appellativo di "strada della morte".

Non vi dico poi lo spavento che mi presi quella volta che dal bocchettone di aerazione entrò nella macchina un serpente di cui riuscivo a scorgere solo la parte posteriore. Purtroppo me ne accorsi soltanto mentre ero già in viaggio. I secondi intercorsi tra la scoperta e la prima piazzola di sosta mi sembrarono un'eternità.

Ma dovevo fare qualcosa: prima di tutto con un pezzo di legno, che reperii nelle vicinanze, riuscii a toccare quella coda penzoloni, con il risultato che la "bestia" si inserì ancora più in profondità fino a sparire. Immediatamente tappai con uno straccio la bocchetta dell'aria per impedirne il ritorno ma non vederla più non mi tranquillizzò affatto.

Temevo che mi rispuntasse da qualche altra parte e soprattutto che mi aggredisse alle gambe. tuttavia dovevo rimettermi in viaggio per tornare a casa e non vi racconto in che stato di agitazione fossi. Feci smontare la macchina pezzo per pezzo. Ma ovviamente non fu trovato nulla. Sicuramente l'origine del mio terrore aveva trovato una via di fuga.

E che dire di quella volta che venne giù un acquazzone così forte da oscurare quasi completamente la visibilità. Non si riusciva a scorgere né la carreggiata, né il bordo della strada, per cui riuscii, guidando a passo d'uomo, a farmi strada seguendo, per circa cinque chilometri, i fanalini di coda della vettura che mi precedeva e che erano l'unico segnale visibile e l'unico punto di riferimento che avevo.

Fortunatamente c'era il mio lavoro a darmi qualche soddisfazione. Ho sempre considerato il rapporto docente – alunni come un grande privilegio ma anche una grande responsabilità. Non impartisci solo la disciplina di insegnamento ma anche lezioni di vita. Il tutto condito da fiducia, incoraggiamento e amore per lo studio.

E sono sempre stata convinta che nel processo di apprendimento non è importante il "quanto" ma il "come" perché questo vale per la vita, dove si continua sempre a imparare. Gli alunni guardano te, leggono sul tuo viso la passione che ci metti, anche quando sei stanca e affiora qualche preoccupazione.

Essi sanno che non sono giudicati per i loro fallimenti, ma sono incoraggiati a continuare. Hanno bisogno che tu mostri serenità e non preoccupazione, pace interiore e non pressione psicologica. In questo modo essi sono pronti ad affrontare qualunque tipo di sfida.

Vi sembra difficile, vero? E infatti lo è. Ma vi assicuro che questa è la parte più bella dell'insegnamento. Per me è stato un allenamento quotidiano, di cui ho beneficiato in prima persona. È per questo che le sfide più difficili della vita mi hanno talvolta "piegata ma non spezzata".

Lo stipendio? Passa tra le mani… e va

I soldi non sono mai stati la mia priorità, anche se ne ho sempre riconosciuto il giusto valore. Nella nostra famiglia si era soliti mettere tutto in comune. Non c'era distinzione tra il mio e il tuo, ma tutti provvedevano ai bisogni di tutti. Nella "timeline" di famiglia c'era un progetto, un sogno che era stato brutalmente interrotto con la morte di mio padre.

Come ho già raccontato, tanti anni prima avevamo costruito questa casetta ed eravamo orgogliosi di esserci riusciti nonostante le scarse risorse finanziarie e le disavventure incorse nel reperirle. Ma sulla carta c'era un progetto molto più ambizioso e cioè quello di sopraelevare la nostra casa aggiungendo tre piani e quindi tre appartamenti in più, uno per ciascun figlio.

Il mio stipendio contribuì a darci quella spinta in più per riprendere quel sogno e farlo diventare realtà. Quante rinunce ci sono state pur di giungere al traguardo, incomprensibili agli occhi di alcuni, che magari avrebbero comprato un'automobile nuova o avrebbero usato quei soldi per farsi delle vacanze. Ma per noi era più importante avere una abitazione decente. Seguivamo il proverbio popolare che recita: "prima del maritare viene l'abitare".

Credo di aver già raccontato che la casa dove avevamo abitato per quasi dieci anni ormai, era un seminterrato che in seguito sarebbe stato destinato a garage e magazzino. Trascorsero comunque ancora diversi anni prima che gli appartamenti fossero resi abitabili e ci volle anche il lavoro manuale di tutta la famiglia almeno per quelle cose che riuscivamo a fare da soli.

Il resto era affidato a maestranze adatte allo scopo. C'era così tanta voglia di occupare quei nuovi spazi, che mia sorella, che nel frattempo si era sposata, andò ad abitare in uno di questi appartamenti ancora da completare: c'era una stanza ancora senza pavimento e mancavano tutti gli infissi interni. I lavori di completamento li realizzò successivamente con l'aiuto di suo marito.

A proposito del matrimonio di mia sorella, c'è un episodio curioso che mi riempie di tenerezza e di orgoglio insieme e che mi piacerebbe raccontare. Siamo negli anni settanta e dalle mie parti c'era una tradizione, ormai già quasi in disuso per la verità, ma che mia madre volle mantenere, e per delle buone ragioni, secondo un certo punto di vista. Si trattava di mostrare, a parenti e amici il corredo matrimoniale della futura sposa, sparso in bella mostra per tutta la casa.

Mia sorella era una bella ragazza e tanti erano i giovanotti che le ronzavano intorno e che avrebbero desiderato sposarla. Ma i loro genitori li dissuadevano perché era povera e probabilmente non avrebbe avuto nemmeno uno straccio di corredo, che in genere era l'orgoglio delle spose.

Con quella "esposizione" mia madre si prese la rivincita su quelle malelingue. Soprattutto quando cominciarono a chiederle come e quando fosse riuscita a mettere insieme tutto quel ben di Dio. E ancora di più quando le chiesero se anch'io avrei ricevuto lo stesso trattamento. Certo che sì! Tutto ciò che era esposto in bella mostra in quella circostanza era conservato e pronto anche per me.

Ne fui stupita anch'io che pure avevo visto talvolta mia madre fare la formichina e l'ape operosa con pizzi e ricami, figurarsi gli altri. Più di una signora del vicinato si dovette rammaricare molto per aver pensato male.

Capite che donna stupenda avevo per madre e che insegnamenti preziosi ho ricevuto? Era una donna molto avanti rispetto ai suoi tempi. E poi era capace di una gestione del denaro incredibile. Nel giro di alcuni anni era riuscita a colmare i debiti, mantenere una figlia agli studi, riprendere a costruire, allestire un matrimonio e approntare ben due corredi. Una bella sfida, non c'è che dire!

Ecco dove andava il mio stipendio! Nello stesso posto dove andavano comunque anche i guadagni di mio fratello e la piccola pensione di reversibilità che prendeva mia madre. Ma io ho sempre riflettuto su questo: quando si parte da una situazione di scarsità e ci si ritrova a gestire un po' di denaro in più, tanti perdono la testa e perdono anche il denaro. Mia madre era riuscita invece a farli fruttare come il buon servitore della parabola evangelica.

È da lei che ho imparato che, a fronte di qualche sacrificio, bisogna guardare agli enormi benefici ricevuti e questo è per me fonte di felicità. Tante ombre oscure si sarebbero addensate nella mia vita futura ma il momento presente era gratificante e io lo assaporavo attimo per attimo, allora come ogni qualvolta mi torna alla memoria.

Il matrimonio può attendere

Per la verità i matrimoni in attesa erano due, quello mio e quello di mio fratello. Ma mio fratello aveva preso su di sé la responsabilità della famiglia e aveva deciso di fare le veci del padre che tanto mancava a tutti. Aveva già accompagnato all'altare mia sorella, la più giovane della famiglia, e adesso attendeva di fare lo stesso con me. Ma io mi stavo prendendo il mio tempo.

Intercorsero otto lunghi anni, da quando conobbi il mio ragazzo fino a quando decidemmo di sposarci. Dapprima temporeggiavo perché volevo completare gli studi, poi continuai a temporeggiare per terminare la casa. E intanto ci conoscevamo, anche se in modo saltuario, prima noi due e, dopo qualche anno, anche con il coinvolgimento delle rispettive famiglie.

Appresi che anche lui aveva perso il padre quando era un ragazzino e, avendo una sorella più grande e tre fratelli più piccoli, si era subito sentito caricato della responsabilità di uomo di casa, che non mi pareva avesse accettato tanto di buon grado. Intanto la famiglia si era spostata dal paesino di provincia nella città più grande perché i ragazzi avessero la possibilità di completare gli studi.

Suppongo che debbano essere stati tempi duri e, quando la sorella maggiore lasciò la casa per sposarsi, anche lui capì che era il momento, anche per lui, di cambiare aria. Era uno spirito libero, volitivo e desideroso di imparare cose nuove anche se questo lo avrebbe portato lontano dalla famiglia d'origine e talvolta anche fuori dall'Italia.

Ci conoscemmo un pomeriggio di maggio, quando, per una serie di casualità concomitanti, prendemmo lo stesso treno: un mezzo che io non prendevo mai (di solito viaggiavo in autobus), e a un orario inconsueto per lui, che abitualmente ne prendeva uno successivo. C'erano state le elezioni amministrative e io ritornavo nella sede universitaria, mentre lui ritornava al lavoro.

Mi raccontò poi che quel pomeriggio aveva litigato con sua madre e questo spiegava la partenza anticipata. Sul treno eravamo seduti di fronte e mi era possibile vederlo e soprattutto ascoltarlo bene. Per quasi tutto il tempo del viaggio parlò e scherzò con una vecchietta che era seduta accanto a me. Ma era palese che alcune frecciatine erano rivolte a me. Io mi sentivo talmente imbarazzata che non mi azzardavo a inserirmi nella conversazione ma ero comunque affascinata dal suo modo di esprimersi e dal suo atteggiamento fine ed educato.

No, non fu colpo di fulmine, almeno non per me e non allora, ma quando si offri di aiutarmi con la valigia e poi di accompagnarmi fino all'istituto, non ebbi nulla in contrario anzi mi fece piacere questo suo modo di fare, apparentemente solo amichevole. E quando mi chiese il numero di telefono dell'istituto e lo appuntò su una scatola di cerini ero quasi certa che quella sarebbe stata anche l'ultima volta che lo vedevo. Ma non fu così. Qualche settimana dopo mi chiamò. No, la scatola di cerini non era stata buttata via, e mi fece capire che gli sarebbe piaciuto approfondire la mia conoscenza.

Io cominciai a fantasticare e a farmi balenare l'idea che poteva diventare qualcosa di più di un'amicizia ma c'era qualcosa che non mi garbava molto e cioè il suo modo "leggero" di parlare delle relazioni uomo/donna. Non mi sembrò un argomento da affrontare per telefono e inoltre ero troppo impegnata con gli esami per lasciarmi distrarre ma mi proponevo che, se lo avessi rivisto, quello sarebbe stato il primo argomento su cui mettere i cosiddetti puntini sulle "i".

Sopraggiunse l'estate e io, avendo terminato i miei impegni universitari, tornai a casa. Non seppi più nulla fino a settembre, quando, tornata in istituto, seppi che "un giovanotto" mi aveva cercato al telefono e probabilmente mi avrebbe richiamato.

Quando lo fece, al mio batticuore si aggiunse lo scherzo (era uno dei lati del suo carattere che più mi affascinava): dopo avermi fatto chiudere gli occhi e contare fino a tre, la sua battuta di risposta "e io son qui che aspetto te" mi spiazzò completamente. Mi chiese di uscire e io, supportata dalle raccomandazioni delle mie amiche, accettai.

Non ebbi il tempo di pensare a quello che avrei dovuto dirgli e al discorsetto che mi ero preparata perché lui, appena mi vide, mi venne incontro con le braccia aperte come se mi conoscesse da una vita. Io mi sciolsi, insieme a tutti i miei dubbi e quello fu l'inizio di un "fidanzamento" che doveva durare otto lunghi anni, per lo più a distanza e vissuto tra lettere, cartoline e fotografie come si usava allora.

Lui veniva a trovarmi più spesso che poteva e qualche volta mi sono spostata anch'io per stargli vicina, cercandomi dei lavoretti che non solo impegnassero il mio tempo quando lui era al lavoro, ma che mi permettessero anche di pagarmi le mie spese per quelle che consideravo le mie vacanze: ho impartito lezioni di inglese, di francese, di latino, di Italiano ed ho fatto anche la baby sitter. Tutto ciò per non intaccare il mio stipendio che, come ho già detto era destinato alle rifiniture della casa.

Confesso di aver sentito, di tanto in tanto, un po' di inquietudine mentre un altro pensiero cominciava a prendere consistenza e cioè quello di andare ad abitare al nord dove lui stava lavorando. Mi mancava il senso di una consuetudine vissuta insieme e una casa tutta nostra. Mentre celavo questa mia insoddisfazione cercavo di godermi tutto ciò che di bello la vita poteva offrirmi in quel momento dicendomi che avevo di che essere felice: mi sentivo amata, ero riuscita a realizzare tutti gli obiettivi che mi ero imposta e mi stavo godendo le mie vacanze in posti da sogno. Mancava il matrimonio. Ma quello poteva attendere.

Capitolo 4:
Come superare il dolore e la solitudine

Passano così otto lunghi anni. La casa ora è pronta: mancano le rifiniture esterne, ma l'interno è degno di una futura sposa e udite, udite, c'era persino la TV e il telefono. Convinco mia madre ad abbandonare il seminterrato e a venire ad abitare con me. E anche se c'era l'idea di andare a vivere al nord, quella sarebbe stata comunque la casa dove trascorrere le nostre vacanze.

Si rafforzano anche i rapporti con la famiglia d'origine del mio fidanzato tanto che qualcuno dice che sono l'amica e la confidente di mia suocera invece di essere la nuora. Mi accompagna dappertutto e non mi fa mancare mai baci e abbracci affettuosi.

Era arrivato il momento di fare progetti di matrimonio e tutto sembrò procedere per il meglio: del resto una sposina innamorata non riesce a vedere quello che si sarebbe palesato in un secondo momento. Solo le persone più accorte cominciarono a rendersi conto che la sposina – formichina, che si portava dietro una casa, un lavoro sicuro e un corredo, si confrontava con uno sposo-cicala che portava solo se stesso.

Tuttavia se qualcuno lo pensò, nessuno mi riferì nulla e del resto vi assicuro che questo sarebbe stato l'ultimo dei miei pensieri. Eravamo belli, giovani e ci amavamo tanto e pensavamo alla famiglia da formare e a un progetto in comune per il prossimo futuro. Poiché questo progetto prevedeva una nostra sistemazione nel nord dell'Italia, ai nostri invitati chiedemmo di offrirci dei soldi invece che regali. Se avessi potuto prevedere il futuro avrei sicuramente chiesto dei regali. Ma gli eventi si svolgono a prescindere dal nostro volere e dai nostri bisogni.

Giunge aprile e anche il giorno del matrimonio, ma giunge con una nota stonata che questa volta percepisco anch'io. Una zia dello sposo, che aveva da poco perso il marito, si presenta al matrimonio con un lutto stretto (pensate che aveva anche un velo nero in testa) ed ha il coraggio di accodarsi al corteo della sposa che venne effettuato a piedi dalla casa fino alla chiesa. Fu facilissimo, nel piccolo comune del sud, pensare a un cattivo presagio.

In tutta sincerità io ero e sono un po' più razionale e presto lo dimenticai. Ma quello che doveva accadere mi lascia ancora un po' perplessa. Per la serie: non è vero, ma ci credo.

Fu mia madre, invece, a sorprendermi ancora una volta: avevo già indossato l'abito da sposa quando mi chiama in disparte e mi consegna una cospicua somma di denaro, dicendomi che quello era il residuo dei miei stipendi, al netto delle spese e che, da quel momento in poi, la gestione del mio denaro sarebbe toccata a me. Fu il modo migliore per dirmi che ora dovevo occuparmi solo delle necessità della famiglia che stavo formando.

Noi sposi fummo festeggiati alla grande e ci concedemmo anche una decina di giorni di luna di miele. Non dimenticherò mai la felicità di quel periodo. Tornai al sud solo per chiudere l'anno scolastico e poi ripartii per trascorrere l'estate insieme a mio marito.

Ad accrescere la nostra felicità giunse, dopo alcuni mesi, anche l'attesa di un bebè. Non conoscevamo il sesso, ma per noi andava bene uguale. Eravamo al settimo cielo, quando io accuso un malore che rischia di compromettere la gravidanza e mio marito pensa che forse è meglio se resto vicino a mia madre finché non partorisco.

Eh sì, sarebbe stato bello avere mia madre vicino al momento del parto. Purtroppo lei, che aveva assistito al parto di decine di vicini e parenti, se ne va in un solo giorno per un attacco di cuore, lasciandomi nella più completa disperazione. A nulla era valsa la sua corsa in ospedale. Lei sentiva che quello era il momento dell'addio fra noi due, e lo sguardo che mi lanciò dalla macchina, mentre stava partendo, fu più eloquente di mille parole.

Ora io dovevo scegliere se disperarmi per la morte di mia madre o preoccuparmi per la creatura che portavo in grembo. Prevalse la seconda ipotesi e mi proposi, con il consenso di mio marito, che se fosse nata una femminuccia l'avrei chiamata come lei.

Purtroppo nubi più gravi si addensavano sul mio destino. Già nello stesso mese ci fu un tremendo terremoto che, se non fece gravi danni alle cose, lo fece a livello psicologico. Quando, una ventina di giorni dopo, la mia macchina andò in fiamme per autocombustione, mettendo a repentaglio la vita di mio fratello, mentre si premurava di allontanarla dal serbatoio contenente la nafta per il riscaldamento della casa, io mi rivolsi al Cielo e dissi che forse bastava così, che la dose di dolore che avevo ingoiato aveva ampiamente superato quella della felicità donatami da quell'anno davvero "funesto" nei miei confronti.

Senza mia madre non aveva più senso rimanere lontana da mio marito e decisi di raggiungerlo nuovamente, non dopo aver promesso a mia sorella, a mia zia e a mia suocera che comunque sarei tornata a casa per partorire, perché così avrei avuto qualcuno vicino a darmi una mano in caso di necessità.

Eravamo riusciti, dopo varie peripezie, a trovare un appartamentino grazioso che, nei progetti, doveva ospitare la famiglia che stavamo formando. Quando però sembrava che tutto procedesse per il meglio le cose cominciarono a prendere una piega diversa.

Non vorrei apparire paranoica, ma quell'appartamento cominciò ad apparirmi stregato, se non addirittura infestato, e mi parve di capire solo allora le raccomandazioni del padrone di casa di non parlare con nessuno.

Quando ero da sola mi sembrava di udire degli strani lamenti, fortunatamente a distanza, e in più fui afflitta, in momenti diversi, da due preoccupanti fenomeni fisici: una mattina mi resi conto di non riuscire ad articolare alcuna parola per una sorta di afonia acuta che attribuii a raffreddamento; in un'altra occasione ebbi una forma di quasi cecità che fortunatamente durò solo alcuni minuti, pur sembrandomi un'eternità. Non vi dico lo spavento.

Purtroppo la cosa a cui non diedi troppo peso sul momento furono alcuni disturbi accusati da mio marito. Anche per questi trovammo una spiegazione logica: la stanchezza. Però eravamo giovani, ci amavamo e la nostra attenzione era tutta focalizzata sulla creatura che sarebbe venuta alla luce dopo alcuni mesi.

Del resto conducevamo una vita tranquilla da coppia innamorata. Io non lavoravo e quindi avevo l'unico compito di badare alla casa e aspettare il rientro di mio marito dal lavoro. C'era una sola cosa che mi faceva tornare con i piedi per terra e con il cuore nel baratro del dolore: il pensiero di mia madre che speravo mi guardasse dal cielo. Ma non potevo e non dovevo piangere per lei.

Quando mancava circa un mese e mezzo dalla data presunta del parto decido di tornare alla nostra casa al sud. Mio marito mi accompagna anche se deve rientrare al lavoro qualche giorno dopo. Ma ci rientra dopo una turbolenta discussione con sua madre e sua sorella, discussione di cui non sono mai riuscita a capire il bandolo, ma che lo lasciò molto turbato.

Sola contro tutti

Rimango da sola, ma pur mancandomi da vicino il supporto di mio marito, mi concentro sulla mia gestazione e sui preparativi per il parto ormai prossimo. Sento la mia creatura muoversi vivacemente nella mia pancia, faccio congetture sul sesso, anche se ero quasi convinta che fosse un maschio e aspetto trepidante il meraviglioso momento in cui potrò tenerlo tra le braccia.

Nel frattempo c'era da festeggiare il primo anniversario di

matrimonio. Quel giorno stavo aspettando mio marito, come era giusto che fosse, e invece mi vedo recapitare un fascio di fiori con le sue scuse per non poter essere presente. Ci rimango un po' male ma, poiché nella mia famiglia di origine non ero così abituata a festeggiare un certo tipo di eventi, me ne faccio una ragione, tanto più che più tardi vedo arrivare mia suocera con una torta per festeggiare con noi; apparentemente non sapeva nulla dell'assenza di mio marito. Mi fa molto piacere trascorrere del tempo almeno con lei, ma non so perché, comincia ad assalirmi un cattivo presentimento.

Nel tempo che mi rimane prima del parto cerco di soffocare l'ansia che mi prende sempre più forte, come anche il dolore ancora acuto per la perdita di mia madre, solo pochi mesi prima. Purtroppo tutto doveva ancora cominciare.

Quando manca una settimana al parto, un altro lutto si abbatte sulla mia famiglia: mia nonna, la madre di mia madre, ci lascia anche se alla bella età di novantuno anni, di contro ai sessantasette di mia madre. Ancora una volta una persona di cui non ho potuto piangere la perdita, anzi mi hanno impedito persino di vederla. Beffa delle beffe, quel giorno era anche il mio trentesimo compleanno. Ma io pensavo piuttosto al fatto che mia figlia si era persa la nonna e la bisnonna nei sei mesi che precedevano la sua venuta al mondo.

Sarà forse per questo che il travaglio durò più del dovuto e che la bambina appena nata ci mise un'infinità, almeno così mi sembrò, prima di emettere il primo vagito? E che lo fece solo dopo uno scapaccione del medico?

A ogni modo, anche l'immensa felicità di averla in braccio fu adombrata dal fatto che mio marito non era con me a gioire per la nascita della nostra bambina e poi perché mia suocera cominciò ad attaccarmi il broncio per il nome imposto alla bambina (l'avevo chiamata come mia madre, come d'accordo con mio marito, e non come lei).

In tutta onestà io mi sentivo la coscienza pulita, prima di tutto perché mio marito si riempiva la bocca dalla felicità quando pronunciava quel nome, e poi lei lo sapeva già, solo che in quel momento ha avuto l'occasione e la scusa per lavarsi le mani e abbandonarmi in una situazione "scomoda". Non so quanto lei sapesse, ma mio marito non stava per niente bene e, per quanto mi telefonasse tutti i giorni, impazzito di gioia per la sua bimba, capii che non era in grado al momento di raggiungerci.

Mi rivolsi a tutta la sua famiglia per capirci qualcosa ma mi sentii dire che era un "problema" che dovevo risolvere da sola. Ma come fare con una neonata da accudire? D'altronde però nessuno sapeva o voleva darmi notizie precise e quindi, a quaranta giorni dal parto, lascio mia figlia con mia sorella, a nutrirsi di latte artificiale, mentre io, in lacrime, buttavo il latte, che aspiravo con una macchinetta, nel bagno del treno che portava me e mio fratello incontro alla scoperta di una verità drammatica, come avevo già presagito. E mentre mio marito torna a casa con me, non ho più rivisto mia suocera, risentita perché la accuso di non avermi detto la verità e di averci abbandonati al nostro destino.

Naturalmente tutto il resto della famiglia, una sorella e tre fratelli, si schierò dalla parte della mamma e così persi i contatti anche con loro. Tutto il mondo mi stava crollando addosso, tra il lavoro, la bambina da crescere e mio marito con alti e bassi, non so come abbia fatto a mantenere la lucidità. Sentivo di aver perso tutti i miei punti di riferimento.

Mia madre e mio padre non li avevo più, potevo solo implorare la loro protezione dal cielo; mia sorella aveva la sua famiglia a cui badare; mio fratello che, avendo "sistemato" le sorelle e non avendo più il supporto di mia madre, decide di "sistemarsi" anche lui; a questo vanno aggiunte tutte le supposizioni e le malignità della gente pseudo amica che si chiedeva quale sgarro avessi fatto per meritarmi tutto ciò.

Eppure, in questo bailamme la mia forza e la mia svolta l'ho trovata proprio in mia figlia. Sono psicologicamente passata da un "io" fatto di sensi di colpa, di frustrazione, di vittimismo a un "tu" ricco di attenzioni, di altruismo e di amore. Quando nell'amore c'è la gratuità, quando non si ama per avere un contraccambio, si acquista una serenità che, sia pure scambiata per superficialità, è fatta di tanta pazienza e resilienza.

Questo allenamento quotidiano nella gestione del lavoro, la bambina e le precarie condizioni di mio marito, mi furono di enorme aiuto quando quest'ultimo, dopo cinque anni, passò, spero con tutto il cuore per lui, a miglior vita, in giovanissima età.

Nonostante tutto, se raccontavo di sentirmi serena perché avevo superato tutto con amore e che, per amore, dovevo continuare a crescere in serenità la mia bambina, qualcuno osava chiedersi perché io avessi ricevuto un tale miracolo mentre per loro questo non era possibile. Credetemi: i loro problemi erano, spesso, delle sciocchezze e ne facevano tragedie.

Dunque essere felici non ha nulla a che vedere con le disgrazie o le tragedie della vita, ma è uno stato di pensiero, un atteggiamento che si acquisisce imparando a riconoscere le cose di cui essere grati invece che focalizzarsi su quelle che ci procurano dolore. Se non si fa questo si rischia di impazzire o quanto meno di cadere in depressione e passare il resto della vita a lamentarsi di tutto. Quando si entra in questa spirale si ha l'impressione che tutto vada male.

In sintesi: se vuoi essere felice non guardare a ciò che ti è stato tolto, ma piuttosto a quel tanto che ti resta e mostra gratitudine per questo. Nella vita non esiste il vuoto, soprattutto se si riempie quel vuoto con tanto amore, quell'amore che conosce solo addizione e moltiplicazione. Altrimenti si chiama egoismo.

Medicina per la mia anima

Come si può ben comprendere da quanto ho raccontato fino a questo momento, l'arrivo della mia bambina fu accompagnato da tantissimi eventi negativi che avrebbero stroncato chiunque non avesse avuto il dono della resilienza che per fortuna mi è toccato in sorte. Mia madre, il terremoto, la macchina bruciata, mia nonna, i dissapori con la suocera e con il resto della famiglia, le difficoltà per gli spostamenti di lavoro e infine la malattia di mio marito costituirono dei colpi tremendi per il mio equilibrio psicofisico.

Ma per fortuna avevo l'antidoto universale per tutti questi veleni. La mia bimba, il mio piccolo angelo, compensava tutte le mie frustrazioni. Certo che stavo male, certo che soffrivo ma mi bastava un sorriso, tenerla fra le mie braccia o allattarla e dimenticavo ogni dolore e ogni sofferenza. Il mio "io" passava in secondo piano, e c'era lei che aveva bisogno di tutto ma che mi ripagava di tutto.

A proposito di allattamento, mi era capitato abbastanza spesso la sera, vuoi per stanchezza o per stress, di non avere nemmeno una goccia di latte, come se il mio seno si fosse inaridito. Dopo aver cercato di tamponare con del latte artificiale, cercavo di attingere alle mie risorse interne: prendevo una tisana calmante e mi mettevo a letto per cercare di recuperare le forze.

Ebbene, la mattina successiva il latte mi ritornava come per miracolo e potevo saziare la mia cucciola. Il miracolo vero era che la bambina, quasi comprendesse la mia difficoltà, non faceva alcuna differenza tra un tipo di latte e l'altro. Le bastava il tepore delle mie braccia per stare bene.

Già da quel momento cominciò a instaurarsi tra me e la bambina quel legame speciale che c'è stato e continua a esserci, a maggior ragione ora che anche lei è mamma. Anzi, se oggi lei ha una difficoltà e io mi preoccupo per lei, mi rassicura dicendomi: "Ti ricordi quante volte mi hai detto che io sono sempre stata la tua forza? Beh, ora io ho quella stessa forza moltiplicata per cinque".

Come darle torto.

E come non ricordare le serate passate a raccontarle delle fiabe di cui spesso la rendevo protagonista e che le piacevano così tanto che non era mai paga, anche quando io ero sfinita per la durezza delle giornate di lavoro e non solo. Altre volte gliele leggevo, le favole, e così, senza che io me ne rendessi conto, anche lei aveva imparato a leggere.

Come non adorarla quando, vedendomi triste o scorgendo una lacrima nei miei occhi, veniva ad accarezzarmi dicendomi: "bella mamma", perché sapeva che quel suo gesto mi faceva sorridere. E che dire dello struggimento del mio cuore di mamma quando, volontariamente, lasciava volare via il suo palloncino perché raggiungesse il suo papà in cielo; o quelle volte che usciva sul balcone a recitare al papà la poesia che aveva imparato alla scuola materna.

È cresciuta in fretta la mia bambina, tanto che a sei anni aveva voluto le chiavi di casa per aspettare da sola a casa il ritorno della mamma dal lavoro, ad apparecchiare la tavola mettendoci sopra dei fiorellini e una candela e piegando il tovagliolo in maniera artistica come aveva visto fare talvolta in alcuni ristoranti. Ero tranquilla perché al piano di sotto c'era mia sorella che vegliava su di lei, ma rispettavamo tutti la sua voglia di fare qualcosa per la sua mamma.

A proposito di ristorante, è capitato di andare in vacanza noi due da sole durante qualche festa importante. Io speravo, così facendo, di allontanare il dolore di una mancanza che purtroppo si avvertiva, benché non ce lo dicessimo. Ma spesso succedeva l'esatto contrario. Il confronto con altre famiglie e le loro tavolate festanti, mettevano ancora più in evidenza la nostra solitudine.

Eppure bastava che ci ritrovassimo io e lei da sole perché fossimo felici. Ci bastavamo l'una per l'altra. Anzi lei era per me la medicina per il mio dolore e il balsamo per le mie ferite. Eravamo felici non perché avessimo il meglio, ma perché riuscivamo a trarre il meglio da quello che avevamo.

E mentre lei cresceva, cresceva anche il mio senso di responsabilità nei suoi confronti. Dovendo svolgere entrambi i ruoli genitoriali mi toccava bilanciare amorevolezza e autorevolezza. Ricordo quando, avendole imposto un orario di rientro dalla sua passeggiata con le amiche, si era un po' distratta per una cerimonia in corso e giunse a casa trafelata e in lacrime per il ritardo. Come potevo non abbracciarla e lodarla comunque per il suo senso del dovere?

In un'altra occasione mi chiese di prolungare l'orario del rientro adducendo come scusa che le sue amiche avevano il permesso di farlo. Ma quando io le dissi che avevo intenzione di confrontarmi con le altre mamme mi implorò di non farlo per non perdere l'amicizia delle amiche. Ovviamente si coprivano a vicenda attribuendo la "colpa" alle altre. Ma così ha capito che non era la cosa corretta da fare.

Io mi sono fatta piccola con lei ed ho percorso insieme a lei tutte le sue esperienze di bambina, cose che peraltro io non avevo potuto fare nella mia fanciullezza: giocare con lei, cavalcare con lei, pattinare con lei, nuotare con lei (questo con scarsi risultati da parte mia, a dire il vero), sciare con lei e così via. Ma la cosa che mi diede più soddisfazione fu che, durante un mio viaggio di perfezionamento in Inghilterra, lei scoprì la necessità di farsi comprendere in quella lingua e quasi mi obbligò a insegnargliela. Non che non ci avessi provato prima, ma fino a quel momento lo aveva preso come un gioco tra me e lei.

Avevo in questo modo innescato anche in lei la disposizione verso l'apprendimento delle lingue straniere. Questo mi fece tanto riflettere sull'importanza della motivazione. Se non c'è quella anche il miglior maestro è destinato a fallire. Non ricordo esattamente dove ma da qualche parte ho letto questa affermazione: "il maestro arriva quando l'allievo chiama". Non sono sicura dell'ordine giusto delle parole ma il concetto è quello.

E mentre mia figlia cresceva io crescevo con lei. Crescevo nella mia progettualità anche perché adesso non era più legata a un IO ma a un ALTRO. E mi convinco sempre più che il successo e la felicità dipendono dalle persone che riesci a rendere felici.

Cambio casa: le incognite che fanno maturare

Il tempo scorre veloce e ben presto mi ritrovo con una figlia adolescente che ha una sua propria progettualità e capacità di scelta. È il momento del suo primo soggiorno all'estero senza la mamma ed è il momento della scelta dell'indirizzo di studi che l'avrebbe portata a viaggiare, nel senso di fare la studentessa pendolare.

Poiché anch'io continuavo a fare la pendolare, la soluzione possibile poteva sembrare quella di viaggiare insieme. Ma dopo una accurata analisi della situazione abbiamo dedotto che la cosa non era fattibile per incompatibilità di orari che avrebbero creato ulteriori disagi, specie quando io ero costretta a rimanere sul posto perché impegnata anche nel pomeriggio.

Fu in quel momento che prendemmo la decisione, già più volte ventilata, di cambiare casa. Ero riuscita negli ultimi anni a mettere da parte un discreto gruzzolo e quindi optammo per l'acquisto di un appartamento anche se fu necessario caricarsi di un mutuo consistente per la parte restante del costo. Desideravo togliermi il debito prima possibile e quindi i versamenti erano cospicui e bisognava fare qualche sacrificio.

L'inesperienza mi fece fare un passo falso perché non avevo

calcolato un margine per le spese accessorie di condominio. E quando mi resi conto che saltavano fuori dei lavori condominiali non contemplati, mi trovai ad affrontare un durissimo periodo di ristrettezze. Mi tornò alla mente mia madre e quello che lei aveva patito nelle medesime circostanze. Ma fu proprio questo a farmi coraggio. Implorai che mi stesse vicina dal cielo in questo difficile momento: se c'era riuscita lei potevo farcela anche io. E così fu.

La necessità aguzza l'ingegno e io l'ho provato sulla mia pelle. I movimenti economici che ho escogitato sono degni di una manovra finanziaria. Senza scomodare nessuno, tra la richiesta di un fido e quella di due mensilità di stipendio anticipato, per più di una volta, riuscii a tirarmi fuori da questo impasse, anche se mi costò un botto in termini di interessi. Dopo alcuni anni, a chi mi chiedeva se stessi pagando un fitto per la mia casa, poter rispondere che ne ero proprietaria mi dava una soddisfazione impagabile.

Il dolore però era sempre in agguato e ben presto si presentò sotto forma di un incontro. Un giorno ero a passeggio con mia figlia e non potei fare a meno di trovarmi faccia a faccia con mia suocera, sì quella che ci aveva abbandonato senza rimorsi nel momento del bisogno. Ci fu solo un attimo di esitazione da entrambe le parti, poi in me prevalse l'educazione e mi fermai per salutarla. Io non la vedevo da quattordici o quindici anni, mentre un po' di meno per mia figlia, poiché il suo papà l'aveva più volte portata con sé durante le sue sia pur sporadiche visite alla madre.

Non ci crederete ma prima mi chiese chi fossi, e quando le spiegai chi eravamo continuò a ripetere che non ci conosceva. Se quella poteva essere l'occasione per riallacciare un rapporto, il tentativo fallì miseramente di fronte al muro dell'indifferenza. Che fare? Salutammo e andammo via. Passi per me, ma rinnegare una nipote, sangue del suo sangue, fu di una vigliaccheria inaudita.

Ho pianto e mi sono disperata per diversi giorni prima di farmene una ragione. Mia figlia, invece, sembrò non accusare subito il colpo, ma dopo qualche tempo cominciò ad avere problemi con l'alimentazione, diventando anoressica. Forse mi sbaglio ma in quel periodo ho continuato a pensare che la causa di tutto fosse legata a quell'incontro e a quel rifiuto.

Solo chi si fosse trovata ad affrontare questo tipo di problema può capire il dolore che si prova nel vedere una figlia spegnersi giorno dopo giorno. Come ormai sapete ne avevo già passate tante ma questa era la più terribile. No, mia figlia no! Mi sentivo impotente e a nulla valsero i tentativi di persone esterne. Io potevo solo darle tanto amore e spingerla con dolcezza ad assaggiare qualcosa. Il suo cibo era sempre lì pronto e lei poteva prenderlo quando voleva e se voleva.

Ancora una volta, mi sono dovuta sdoppiare. Quando ero da sola potevo piangere tutte le mie lacrime, di nascosto. Altrimenti non volevo alimentare i sensi di colpa di mia figlia che già aveva i suoi problemi. Era la sua serenità a starmi più a cuore nonostante io ricevessi tantissime pressioni.

Il mio dolore non ha avuto, questa volta, la solidarietà di nessuno. Era come se dovessi espiare per la mia scelta di allontanarmi dal resto della famiglia. Il mio cambiare casa era interpretato non solo come un tradimento nei loro confronti, ma anche più o meno velatamente, come un volersi sganciare da un controllo per chissà quali secondi fini.

Fu l'amicizia e il suo stesso senso di generosità a salvare mia figlia. Un giorno si trovò a soccorrere una sua amica con lo stesso problema. Era ridotta allo stremo delle forze e lei si rese conto che poteva perderla. Le parlò e, non so come, da quel momento qualcosa scattò nel loro inconscio e ricominciarono entrambe, molto lentamente, a tornare alla normalità.

Ancora una volta avevo toccato il fondo, ma non avevo mai perso la speranza che ce la potevamo fare. In due, io e mia figlia eravamo una forza potente. Avevamo imparato a trasformare il dolore in forza. Il supporto, l'amore era reciproco e questo contribuì al recupero della nostra felicità.

Capitolo 5:
Come diventare migliore con la forza della mente

"Nonna, perché non hai chiamato un altro nonno a vivere con te?". Bella domanda. Mi è tornato in mente che alla stessa età dei miei nipoti, anche mia figlia la pensava allo stesso modo e qualche volta sceglieva tra i miei conoscenti e i miei colleghi le persone da invitare a casa con noi, salvo poi puntualizzare che a dormire con la mamma ci poteva essere solo lei. Che tenerezza mi faceva!

C'è stato un periodo abbastanza lungo, dopo la scomparsa di mio marito, in cui gli uomini mi erano diventati completamente indifferenti. E anche quando qualcuno entrava in collisione con me li guardavo con sospetto, come a chiedermi: dov'è l'inghippo?

La verità è che c'era poco da scegliere: c'era l'artigiano superfigo con il portafoglio pieno e la testa vuota; il vedovo che vantava il possesso di una casa di 300 o 400 metri quadrati e quella era l'unica sua "dote"; c'era il professionista separato che mi corteggiava però mi chiedeva di non innamorarmi di lui; c'era il collega "scapolone" che evitava di venire in casa mia perché si preoccupava, lui, della "mia" reputazione; c'era il farfallone incallito che, pur essendo sposato, adduceva a pretesto del suo voler evadere, una invalidità di sua moglie; e infine il prof. forestiero che si era "dimenticato" di dirmi che aveva una moglie e un figlio. Una bella fauna, non c'è che dire. E l'idea che ci potesse essere un altro uomo nella mia vita era molto remota.

Se questi personaggi mi facevano un po' sorridere, lasciandomi quasi sempre indifferente, continuavano invece a tornarmi alla mente le persone da cui mi ero sentita abbandonata, in particolare mia suocera. Non riuscivo a capacitarmi come potesse rimanere sorda all'affetto di una ragazzina, figlia di suo figlio. E spesso riaffiorava il rancore nei suoi confronti, e ci stavo male.

Un giorno in cui mi trovavo in uno stato di profonda prostrazione mi trovai a confidarmi con una mia amica. Lei apparentemente non mi diede nessun consiglio e nessuna soluzione. Mi chiese se mi fidavo di lei e se potevo accompagnarla a un convegno che, a suo dire, mi avrebbe risollevato il morale e avrebbe modificato il mio modo di pensare. In quel momento credo di aver preso una decisione che avrebbe riplasmato il mio modo di vedere la vita e che mi avrebbe ridato fiducia in me stessa e nelle mie capacità.

Il convegno si svolgeva a Bologna, c'era un tipo che parlava in inglese anche se c'era un traduttore; si esprimeva con veemenza ma anche con tanta autorevolezza e di volta in volta dimostrava con esempi pratici la veridicità e l'efficacia di quanto stava asserendo. All'inizio mi sono sentita un po' come fuori dal mondo, ma già al secondo giorno cominciai a essere completamente presa.

C'era quello che io mi aspettavo di sentire in quel particolare momento della mia vita. C'era anche un misto di spiritualità perché ricordo una sorta di meditazione con il Cantico delle Creature di S. Francesco. Insomma, pur non capendo come e perché mi trovavo lì, mi ero scontrata con il mitico Tony Robbins. Non lo conoscevo e non sapevo nulla di lui, anche perché la mia amica aveva preferito riservarmi la sorpresa, ma mi portai a casa due esperienze che hanno poi costituito per anni il filo conduttore della mia vita.

La prima fu una sessione di perdono. Dovevo perdonare la persona che mi aveva fatto più male e che individuai in mia suocera. Vi assicuro che il passaggio fu dolorosissimo, anche perché c'era una complicazione: nel frattempo era passata ad altra vita. La lezione fu chiara, avevo un fardello di cui mi dovevo liberare se volevo stare meglio ed evolvermi come persona. In seguito questa è diventata una consuetudine di vita.

Il secondo momento fu la prova del fuoco, un fuoco vero che lasciò una brace viva su un percorso di circa sette metri e che bisognava ripercorrere a piedi nudi. Sembrava e sembra tuttora impossibile ma ce l'ho fatta perché al di là della brace immaginavo un mio grande obiettivo che dovevo raggiungere a tutti i costi, pur essendo qualcosa di segreto che custodivo nel cuore. Sentivo che se avessi superato quella prova avrei potuto superare qualunque cosa. Questa convinzione mi accompagna tuttora.

Ho anche un ricordo tangibile di quell'esperienza bolognese: una barra d'acciaio piegata ad arco che mi trascinai dietro per tutto il viaggio di ritorno e che conservo ancora dopo più di vent'anni. Costituisce un altro ricordo /simbolo della mia crescita personale.

La lezione che traggo da questo è che talvolta bisogna cogliere le occasioni e lasciarsi aiutare da chi ha fatto un percorso di crescita personale prima di noi. Anche quando non si riesce a capire fino in fondo il senso di quello che accade. Io stessa l'ho capito meglio quando, partecipando ad altri convegni, dopo tanti anni, ho riconosciuto l'imprinting di Tony in altri formatori, questa volta italiani.

L'amore vero è quello che si dona

Dopo l'esperienza bolognese torno a casa carica come una pila. Avevo voglia di contagiare tutti con la forza che mi sentivo dentro. Se prima mi conoscevo solo fisicamente per come mi vedevo allo specchio e conoscevo anche le mie sensazioni e i sentimenti che custodivo nel cuore, ora imparavo a conoscere una dimensione diversa di me, che aveva sede nella mia testa.

Anche se, analizzando alcuni miei obiettivi già raggiunti, mi dicevo che quella forza della mente l'avevo già utilizzata inconsciamente in passato, ora mi rendevo conto che ero in grado di richiamarla e convogliarla verso un obiettivo tutte le volte che lo volevo.

Non che questo fosse facile perché c'era bisogno di perseveranza, di procedere per piccoli passi, di cadute e di nuovi inizi. La cosa stupenda era che magicamente tutto questo andava a completarsi con un'altra esperienza che stavo compiendo in quegli anni con un gruppo di spiritualità che esprimeva gli stessi concetti, benché per finalità diverse. Non avevo alcun disagio nel metterle insieme, anzi sentivo molto forte l'unità di corpo e di spirito e condividevo con gioia questa modalità sincretica di crescere come persona.

A parte tutto questo c'era da portare a termine l'anno scolastico e, come stavo facendo da alcuni anni, organizzare un gruppo di studenti da accompagnare in Inghilterra per uno stage di lingua di tre settimane. Il soggiorno all'estero di quell'anno era destinato a rivoluzionare, nel bene e nel male, la mia vita futura.

Sin dalla prima riunione dei group leaders, un giovane francese, preparato e intelligente oltre che socievole e simpatico, comincia ad assediarmi, a cercarmi in ogni circostanza fino a palesare un grande interesse nell'approfondire la mia conoscenza. Qui, quell'espressione di manzoniana memoria ci sta tutta: "la sventurata rispose".

Certo, qualche dubbio che la cosa potesse concretizzarsi a così grande distanza ce l'avevo, ma in quel momento caddero tutte le mie remore e i preconcetti che mi ero fatta sugli uomini e mi sentii al settimo cielo, ancor più quando, circa un mese dopo, venne a trovarmi in Italia. A farmi camminare a un palmo da terra arrivò una richiesta di matrimonio che concretizzammo dopo due anni.

Lui scelse di risiedere in Italia e di trovare lavoro qui, partecipò a un concorso come docente di lingua inglese e lo superò, ma fu incapace di aspettare i tempi italiani per diventare titolari di una cattedra e dopo qualche tempo decise di ritornare in Francia.

Io non potevo fare altro che assecondarlo. Ero troppo innamorata per fare resistenza e pensavo che mi bastava aspettare il momento che mia figlia si rendesse indipendente per fare io il passo di andare a vivere da lui. Non la faccio lunga. Passarono alcuni anni in cui sia lui che io non perdevamo occasione di incontrarci. Poi queste occasioni, almeno da parte sua, cominciarono a scarseggiare, poi scarseggiò anche la corrispondenza, poi anche le telefonate; insomma tutto sembrò precipitare e mi resi conto che tutto quell'amore che aveva dichiarato era fallito miseramente.

Io continuavo ad amarlo, e lo cercai per altri tre anni dopo che mi ero resa conto che la storia non reggeva più, finché capii che non bisognava che sprecassi le mie energie per chi non le meritava e decisi di troncare ogni contatto.

Come spesso accade, gli invidiosi esultarono, altri compatirono la "sventurata" sedotta e abbandonata, altri ancora pensarono che io potessi avere qualche colpa per quello che era successo. Qualunque fosse stato il pensiero rimasero tutti delusi. Io avevo avuto una seconda occasione di amare e di essere amata; dimostrai di sapermi rialzare anche questa volta, sia pure un po' acciaccata; e poi opposi la mia tranquillità di coscienza.

Non avevo fatto nulla per meritarmi tutto ciò se non amare con tutto il mio cuore senza pretendere nulla in cambio. Semmai la coscienza sporca ce l'aveva soltanto lui. Come dicono dalle sue parti: "cherchez la femme".

Fortunatamente non ebbi molto tempo per pensarci, perché di lì a poco ci furono delle altre novità molto belle che compensarono tutto il dolore che avevo ingoiato per quella perdita. Cominciarono infatti ad arrivare i miei primi nipotini e capii che avevo tanto amore da donare. Perché l'amore vero è quello che si dona e non quello che si prende.

Prove tecniche di imprenditrice

L'arrivo dei miei "fringuellini", i primi due, (li chiamavo così perché mi venivano incontro parlando tutti e due insieme tanto che ci dovevo mettere un po' prima di capire quello che volevano comunicarmi) spostò completamente il mio focus.

Prima di tutto furono positivi gli effetti sulla mia persona. Mi sentii definire "una bella nonna giovane"; nonna lo ero ma ritrovarsi all'improvviso anche bella e giovane, credetemi, era una bella soddisfazione. Se poi si aggiunge il fatto che solo alcuni anni prima mia figlia mi aveva fatto capire di non riporre speranze in lei per questo, lo ritenevo una benedizione ancora più grande.

Nel frattempo andai in pensione e pensai di destinare il denaro della liquidazione all'acquisto e al restauro di una casa destinata a loro. Purtroppo dovemmo fare i conti con un lavoro che scarseggiava e con una burocrazia che scoraggiava qualsiasi percorso imprenditoriale e così la giovane famiglia decise che forse era il caso di spostarsi all'estero.

Ci rimasi molto male, certo, ma avevo fatto un investimento e dovevo in qualche modo farlo fruttare. Mi armai di grandissimo coraggio e trasformai questo palazzetto che stavo restaurando in un B&B. Si trattava del primo B&B in un paesino di sole quattromila anime e nemmeno a vocazione turistica, almeno in quel periodo.

Tanti furono coloro che mi scoraggiavano e, se non avessi avuto la perseveranza che ha sempre caratterizzato la mia esistenza, ci avrei rinunciato, senza sperimentare gli eventi belli che hanno avuto luogo in quel posto.

Innanzitutto scoprii che in quel paesino, che non era il mio, c'era un grande fermento culturale: un festival dedicato al musicista Vivaldi richiamava musicisti da tutta l'Italia e soprattutto da Venezia con cui aveva stretto un rapporto di gemellaggio grazie al fatto che le radici materne di Vivaldi risalivano proprio a questo paesino, Pomarico.

In concomitanza, veniva anche indetto un concorso letterario a tema, sia di narrativa che di poesia, il quale attirava scrittori e poeti da ogni parte. A latere, altre iniziative di celebrazioni vivaldiane facevano rivivere la musica e il genio di Vivaldi.

Va da sé che il B&B era frequentato da musicisti e artisti vari con cui mi faceva piacere confrontarmi. A questo si deve aggiungere che esso divenne la location, per alcuni anni, di un corso sul libro antico a cui partecipavano studenti universitari che, grazie a questo corso, ricevevano dei crediti di studio.

In seguito anche gli sposi scoprirono questo posto e poiché si trattava di un palazzetto antico nel centro storico, venivano lì per fare delle foto. Ma la cosa di cui vado più fiera è che il tavolo della sala da pranzo ha visto riunito il primo gruppo di restauratori di un archivio comunale abbandonato e dato per perso, e la nascita di una associazione culturale. Credo di poter affermare che non avevo lavorato e investito invano.

Nel frattempo stavo facendo le mie prove come imprenditrice, perché, oltre a gestire vari operai per esigenze di vario tipo, avevo anche bisogno di qualcuno che mi desse una mano per le pulizie e per l'accoglienza in mia assenza.

Le chiamo prove perché ero partita senza conoscere alcunché di business e debbo attribuire a questo il fatto che è bastato qualche evento esterno che mi ha fatto perdere la volontà di continuare in questa avventura. Un evento franoso, per cominciare, poi i ladri e poi non sono stata più in grado di sostenere le spese; a questo si aggiunge la scusante dell'età e anche il mio sogno imprenditoriale e andato in fumo.

Volete sapere il risvolto positivo di tutto questo? Uno ce l'avete sotto gli occhi. Ho trovato il tempo per scrivere questo libro. Ma la cosa ancora più interessante è che oltre a essermi formata come persona ho avuto la curiosità anche di studiare un po' più da vicino tutto ciò che riguarda il business e sono pronta a ricominciare, questa volta con tanta consapevolezza in più.

Il mio motto è non arrendersi mai. Se dovessi ricominciare vorrei farlo nella speranza di aiutare qualcun altro a non commettere i miei errori. Ma di questo se ne riparlerà in futuro. Adesso mi basta essere paga che anche da qualcosa che in molti mi avevano sconsigliato sono stata capace di trarre qualcosa di bello per me e per tanti altri.

Ricchezza o abbondanza?
La mia esperienza da imprenditrice sembra essersi conclusa apparentemente con un fallimento. Generalmente quando si abbassano le saracinesche di qualunque impresa tutti sono portati a pensare che hai fallito. Sicuramente non mi sono arricchita con la gestione del B&B, non nel senso finanziario del termine, ma, nel processo, mi sono arricchita di tanti altri valori, come ho già spiegato. E comunque mi sento fiera quando mi presentano come

"la signora del castello", prima di aggiungere che sono la proprietaria del B&B. Intendiamoci, il "castello" non è la struttura, ma il quartiere.

Mi si dirà che ora si tratta di una struttura passiva perché non produce profitti. È vero, ma sto aspettando tempi migliori per monetizzare. Quando lo avrò fatto ho già in mente altri progetti. Nulla mi ferma, neanche la visita dei ladri che mi hanno portato via tutti gli elettrodomestici oltre a due quadri. E non impreco, perché so di essere capace di rialzarmi ancora una volta.

Ma poi mi chiedo se i ricchi sono davvero felici. Osservando la realtà che mi circonda concludo che non sempre lo sono, perché hanno sempre la sensazione che gli manchi qualcosa e che vogliano ogni volta di più. Inoltre spesso sono avari e fanno anche fatica a spendere. Che senso ha accumulare ricchezza se poi non sei felice?

Oggi ho un senso di benessere e di agiatezza che non avevo quando misuravo il mio grado di soddisfazione in base alle entrate giornaliere o mensili del B&B e l'insoddisfazione saliva nei periodi in cui la ruota non girava come mi aspettavo.

Oggi possiedo di meno ma ho tutto ciò che mi basta. Il segreto? Quello che ho sempre fatto nel corso della mia vita: essere grata per quello che ho. La gratitudine mi premia regalandomi il senso dell'abbondanza e la disponibilità a condividere. Questo non significa che mi accontento. Se impari a condividere vorresti farlo anche di più e quindi se avessi di più potrei condividere di più.

Se ripercorro la mia vita mi accorgo di come la ricerca del benessere è diventata una disciplina giorno dopo giorno. Ho cercato il benessere, certamente, ma, essendo sempre grata per quello che avevo, ho mantenuto la mia pace interiore. Il fatto che riesco sempre a risolvere senza grandi ansie i miei problemi economici mi fa avere un buon rapporto con il denaro e mi rende disponibile verso i bisogni degli altri.

E mi accorgo che i bisogni degli altri sono costituiti spesso da mancanza di attenzione e di amore. Allora la ricchezza non è solo quella finanziaria e materiale ma esiste anche una ricchezza spirituale che puoi condividere e lo fai quando metti i tuoi talenti al servizio di chi ha bisogno, senza chiedere il contraccambio.

Mi accorgo che mi sto avventurando in un discorso che mi porta inevitabilmente a parlare della mia fede. Del resto il discorso dell'abbondanza lo ha fatto anche Gesù quando esorta a non preoccuparci per il domani. Ci preoccupiamo quando ci sentiamo poveri, e il senso di povertà non è sempre un valore, laddove è detto che "a chi ha sarà dato e a chi non ha sarà tolto anche quello che ha". Gli sarà tolto perché manca il senso della gratitudine. Senza la fede non ci accorgiamo dell'abbondanza che ci circonda.

Qualcuno pensa di diventare ricco accumulando soldi, cioè risparmiando? Macché! Prima di tutto non diventerai mai ricco perché non c'è un limite al senso di ricchezza; e poi farai del male a te stesso e agli altri. A quante cose dovrai rinunciare per la prospettiva di una ricchezza futura? E quanto tempo pensi di avere a disposizione? Non fare come quel ricco del Vangelo che fece costruire nuovi granai per accumulare più grano e il giorno dopo morì, lasciando tutto. E impara a utilizzare la tua sovrabbondanza di oggi per aiutare chi è nel bisogno.

Diverso è il caso in cui risparmi per realizzare un progetto con cui tu possa essere utile agli altri. In tal caso avrai usato il tuo denaro non con avarizia ma con parsimonia. Questo è ciò che mi ha insegnato la vita. La vita mi ha tolto tanto, ma mi ha offerto anche tanti doni che voglio condividere.

Oggi sono grata anche per la sofferenza dei miei momenti peggiori perché mi ha aiutato a costruire la persona che sono oggi. Amo la vita come la vita ama me e mi sento in pace con me stessa.

Conclusione

Se hai letto fino a questo punto avrai capito che l'immagine della "sventurata" non mi si addice affatto o quanto meno non più. Pur attraversando varie "sventure" ho fatto un percorso di consapevolezza che, lungi dal portarmi alla disperazione, mi ha portato, ogni volta di più, ad acquistare autostima.

Consapevolezza e autostima sono diventate le parole chiave della mia vita, ma ce ne sono delle altre che vi elenco di seguito. La parola positività è quella che più amo in assoluto e anche quando sembra che mi lamento di qualcosa lo faccio con molta autoironia.

L'altra parola che amo e che mi contraddistingue è caparbietà ma di quella buona, di quella che va dritta allo scopo prefisso, dritta al bersaglio, alla realizzazione di un progetto, senza farsi scoraggiare e senza arrendersi di fronte alle difficoltà.

A seguire c'è la parola provvidenza. Quante volte questa parola si è palesata nella mia vita e ora è diventata il leitmotiv anche di mia figlia. Beh, è una di quelle parole che andrebbe tramandata da chiunque, perché si tratta di una qualità di Dio.

E che dire di pazienza e resilienza? In certi casi o ti vesti di queste armature o soccombi. Quando la testa ti scoppia, quando neanche le lacrime riescono scioglierti il groppo che senti nel cuore, non c'è altro che questo. Questo è un dono e io fortunatamente ne ho avuto tanto quanto serviva a bilanciare il dolore.

Ma la parola più importante della mia vita è gratitudine perché è quella che mi offre la sensazione di abbondanza e tutto ciò che abbonda è un di più che si può condividere. E non parlo solo di abbondanza materiale ma di doni e di talenti da mettere al servizio di chi è nel bisogno.

Certo, c'è stata anche qualche parola negativa che mi ha accompagnata per un lungo periodo. Tuttavia, nel tempo, così come la parola dolore è stata trasformata in forza, anche la parola rancore è stata trasformata in perdono. Potrei aggiungere tristezza, rabbia, solitudine, paura.

Ma oggi questi sentimenti non mi appartengono più, o quanto meno cerco di attenuarli creando il silenzio nel mio mondo interiore. Oggi non ho paura di vivere e non mi preoccupo del domani perché mi sto circondando di persone che mi aiutano a tirar fuori il meglio di me.

Cara nonna, caro nonno, carissimi tutti, la mia vita è paragonabile a un corso d'acqua, spesso tranquillo ma a volte tumultuoso, tanto da rischiare talora di rompere gli argini e provocare danni. Almeno questo è quello che è sembrato guardando alla superficie. Ma c'è stato anche un lavorio sotterraneo, nascosto ai più, che ha corroso o ha levigato i macigni che mi portavo dentro l'anima.

Io ho cercato di raccontare solo la storia tralasciando tanti particolari che avrebbero appesantito la narrazione e soprattutto perché ho esordito parlandovi di felicità, che è sinonimo di progettualità.

La vita mi ha tolto tanto, come ho già detto, ma, con immensa generosità, mi ha restituito tutto con gli interessi. Il dono più bello che la vita abbia potuto offrirmi è questa capacità di discernere che, tra la sofferenza e la serenità, la bilancia può pendere dalla parte di quest'ultima, solo che io voglia, solo che io guardi ai doni che ho ricevuto, compresa la capacità di esserne grata. E mi sento ricca, o forse no, ma sento di avere tutto quello che mi serve e di cui ho bisogno. Se poi c'è un di più ringrazio e condivido: per questo sono felice.

Anche tu che leggi puoi essere felice. Se io ci sono riuscita, perché non tu? Se il processo per raggiungere questo stadio non ti fosse ancora chiaro, chiamami o scrivimi e sarò felice di entrare ancora più in profondità e accompagnarti per mano insegnandoti a fare anche tu lo stesso percorso. La felicità è una scelta, soprattutto quando decidi di fare qualcosa di bello per gli altri.

Mi piacerebbe penetrare nella tua anima, nel segno dell'amicizia, e offrirti il mezzo per interpretare e approfondire il tuo destino, anzi il tuo "perché", il tuo scopo nella vita. Vorrei provare a trovare quella parola indispensabile alla tua evoluzione più intima e profonda. Vorrei cercare di inserirmi nell'alternanza di amore e dolore e farci germogliare il seme della gratitudine, a prescindere dalle tempeste che possono sconvolgere la tua vita.

Il tempo corre veloce e del resto non ci appartiene. Se non fai le azioni giuste al momento giusto, quell'attimo è perduto per sempre. Gli anni appena trascorsi sono stati molto importanti per me. Apparentemente in perdita, apparentemente in crisi, eppure proprio attraverso questa crisi sto maturando, forse, i miei progetti più belli.

Sto cercando di mettere a frutto i miei talenti, lo sto facendo per me, per la mia realizzazione personale, ma anche per dimostrare a tutti quelli che entreranno in contatto con me in qualche modo, che dalle ferite si può guarire, e dalle cadute ci si può rialzare. Forse ho sbagliato alcune cose, ma ho tanto imparato da quegli sbagli. Ho dato talvolta la priorità a delle cose effimere senza trarne alcun beneficio.

Ho rincorso in qualche caso un'idea di successo basata sul denaro e mi sono imbattuta in personaggi che hanno cercato di carpire la mia buona fede. Gli ostacoli superati finora mi hanno insegnato che posso, che sono capace di superarli tutti, anche se costa fatica.

Voglio dimostrare al mondo che si può essere felici nonostante o grazie ai fallimenti. Ho imparato tanto anche da quelli. Oggi sono considerata una persona carismatica, nel mio piccolo, fonte di ispirazione per altre persone. Sono avanti con gli anni ma ho ancora tanto da imparare e da mettere in pratica.

Voglio e posso diventare, come dicono i guru della formazione, la migliore versione di me stessa. Mi sento unica e irripetibile e non mi sento in competizione con nessuno. È questo il segreto della mia felicità. Perché non può esserlo anche per te?

Se questo libro ti è piaciuto e ti piacerebbe metterti in contatto con me, trovi qui di seguito i miei riferimenti personali:

- Email: info@domenicasoranno.it
- Facebook: Domenica Soranno
- Sito web: http://www.domenicasoranno.it/